一个英模就是一面旗帜
榜样的力量是无穷的

青少年学英模

QINGSHAONIAN XUE YINGMO

张振江 武景生 主编

山东城市出版传媒集团·济南出版社

前言
QIANYAN

让英雄的生命开鲜花

"一个有希望的民族不能没有英雄,一个有前途的国家不能没有先锋。"

中华民族英勇不屈,中华大地英模辈出,是因为这个民族有信仰,这片大地有榜样。

英雄黄继光牺牲后，人们在他的遗物里发现了英雄人物的图片；雷锋曾在日记本的第一页贴上黄继光的画像；王杰少年时代就崇尚英雄，他抄录了张思德、董存瑞、黄继光、雷锋等英雄人物的豪言壮语来激励自己……

"为什么战旗美如画，英雄的鲜血染红了它！"

一个英雄牺牲了，千万个英雄站起来，让英雄的生命开鲜花！

榜样的力量是无穷的，一个英模就是一面旗帜。我党我军的优良传统，就是通过一代又一代英雄模范人物得以弘扬光大的。英雄最有感召力，榜样最有说服力。一个人的成长进步，离不开英模人物的影响和熏陶。英雄模范的光辉形象，像路标，指引着人们前进的方向；像火种，点燃人们心头的磅礴力量。这种力量影响人们的行为，塑造人们的品格，激励人们的斗志。

今天，在实现中华民族伟大复兴的征程上，我们依然需要牺牲奉献，需要攻坚克难，需要不断弘扬英模精神。本书精选的这些英模人物，他们出现在学生的课本中、部队的挂像上、时代的壮歌里，他们是中华儿女的优秀代表，他们是伟大民族精神的绽放。新时代、新征程、新使命，大力倡导向英模学习，就是要在广大群众特别是青少年中树起人生的榜样，立起奋进的标杆，努力培养造就一大批新时代中国特色社会主义的接班人和建设者。

第一章 课本英模

★ **王二小**
抗日小英雄 / 2

★ **刘胡兰**
视死如归的女英雄 / 7

★ **赵一曼**
坚贞不渝的革命战士 / 12

★ **夏明翰**
农民运动领导人 / 17

★ **方志敏**
杰出的农民运动领袖 / 21

★ **王进喜**
中国"铁人" / 26

★ **钱学森**
中国导弹之父 / 31

★ **杨靖宇**
抗日英雄 / 36

★ **邓稼先**
"两弹一星"元勋 / 41

★ **陈树湘**
红军师长 / 46

★ **杨根思**
特级英雄 / 51

★ **焦裕禄**
县委书记的榜样 / 56

★ **龙梅、玉荣**
草原英雄小姐妹 / 61

★ **王　杰**
英雄战士 / 67

第二章 全军挂像英模

★ **张思德**
　　全心全意为人民服务的战士 / 74

★ **董存瑞**
　　舍身炸碉堡的战斗英雄 / 79

★ **黄继光**
　　舍身堵枪眼的战斗英雄 / 84

★ **邱少云**
　　视纪律重于生命的战斗英雄 / 89

★ **雷　锋**
　　伟大的共产主义战士 / 94

★ **苏　宁**
　　献身国防现代化的模范干部 / 100

★ **李向群**
　　新时期英雄战士 / 105

★ **杨业功**
　　忠诚履行使命的模范指挥员 / 110

★ **林俊德**
　　献身国防科技事业杰出科学家 / 115

★ **张　超**
　　逐梦海天的强军先锋 / 120

第三章 时代英模

★ **龚全珍**
　　永葆本色的"老阿姨" / 128

★ **张富清**
　　深藏功名的老英雄 / 133

★ **杨善洲**
　　草鞋书记 / 138

- ★ 朱彦夫
  人民楷模 / 143
- ★ 孔繁森
  领导干部的楷模 / 148
- ★ 许振超
  大国工匠 / 153
- ★ 张海迪
  自强不息的劳动模范 / 158
- ★ 张桂梅
  点亮希望的校长妈妈 / 164
- ★ 郭明义
  雷锋传人 / 169
- ★ 王继才
  守岛报国的时代楷模 / 174
- ★ 罗　阳
  航空报国英雄 / 179
- ★ 张定宇
  人民英雄 / 184
- ★ 徐洪刚
  见义勇为的英雄战士 / 189
- ★ 黄文秀
  脱贫攻坚楷模 / 194
- ★ 杜富国
  排雷英雄 / 199

后　记 / 205

青少年学英模

第一章

课本英模

抗日小英雄 王二小

【英模简介】

王二小，抗日小英雄。关于王二小的原型，有河北省石家庄市平山县阎富华（1929年～1941年）、保定市涞源县王朴（1929年～1942年）等多个版本。关于王二小的牺牲时间，也有1941年9月16日及1942年10月25日两种说法。《歌唱二小放牛郎》的词作者方冰说："王二小和刘胡兰、董存瑞、黄继光不一样，他是我创作出来的艺术形象，是无数少年英雄的化身。"

【英模心语】

"别看我年龄小，打鬼子一样能行！"

青少年学英模
QINGSHAONIAN XUE YINGMO

【英模事迹】

　　1929年，在河北省涞源县上庄村的一个普通农家里，一个小男孩悄悄来到人世，他就是王二小（王朴）。

　　1937年，随着七七事变的爆发，抗日战争在全国范围内展开。八路军深入敌后，在各地建立抗日根据地，有力地牵制了日军，给敌人以沉重打击。王二小的家乡是抗日根据地之一。王二小年龄虽不大，志气却不小。他八岁就加入儿童团，常常一边放牛，一边给八路军放哨，时刻注意敌人的动向。

　　1942年10月25日，王二小像往常一样把牛赶到山坡上吃草，他自己则站在山坡的瞭望点，朝山下看去。几年的锻炼使王二小的感觉十分敏锐，视力也很出众，他四下张望了一番，没有发现异常，

便坐在大石头上休息。过了一会儿，王二小准备赶牛回家，又朝山下望去，他突然看到山下有一队人马正缓缓移动。王二小定睛一看，看到了日军的标志——太阳旗！只见日军在山口绕来绕去，看样子是迷路了。王二小冷静地考虑了一番，想绕小道给村子里的哨岗报信，以便乡亲们转移。

王二小把牛藏在一片小树林里，小心地在密林中穿梭。突然，他的背后传来一声枪响："是谁？出来！"王二小回头一看，不好，他已经被日军发现了。一个日本士兵把他从树林里揪出来，扔到一个凶神恶煞的日本军官面前。翻译官用半生不熟的中国话问他："小孩，带我们去附近的村庄，不然，杀掉你！"王二小低头不语，心想现在只能带他们绕圈子来多争取点时间了。他假装不太情愿的样子，翻译官抄起马鞭就要打他，日本军官将翻译官拦住，冲王二小笑笑，从口袋里摸出两颗糖，用生硬的中国话说："小孩，糖，给你，带我们，去，村子里。"王二小计上心头，决定将敌人引进昨天指导员告诉他的八路军的埋伏圈。于是他假意接过糖果，对日本军官说："好吧，跟我来。"日本军官眉开眼笑地说："好，好。"

王二小首先将敌人带出了山，日本军官看到已经出了山，以为马上就能到达村庄，就让翻译官抓住王二小，准备杀掉他。突然，前面出现了一个三岔路口，日本军官让翻译官停手，而后对王二小说："哪条路？说了，就不杀你。"王二小挣开翻译官的手，说："这里面有蛇，你们要跟着我走。"他把敌人带进一条杂草高过人头的路。日军走了半天，觉得有点儿不对劲，正准备问王二小。突然，四周响起了枪声，几名日本士兵应声倒下。

日本军官这才知道上了当，他一把揪住王二小，用刀残忍地将王二小右手的手指全部剁掉。王二小没有哭，也没有发出惨叫，只是愤怒地看着日本军官，将一口唾沫吐在他的脸上。日本军官恼羞成怒，把王二小扔在地上，随即夺过身旁士兵的刺刀，猛刺王二小的胸口，鲜血顿时喷溅出来，染红了周围的草丛。灭绝人性的日本军官将王二小高高举起，猛然摔在一块大石头上，王二小微微闭上了眼睛。

由于王二小的勇敢和机智，日军完全被困在了包围圈里，很快八路军就将这股日军全部歼灭。几名八路军战士在收拾战场时，发现了还在流血的王二小，大家迅速把他送到刘家庄。可是，王二小年纪太小，受伤太重，最终不幸为国捐躯了。

战士们悲痛万分，流下了伤心的泪水。大家抬着王二小的遗体，来到他放牛的山坡上，将他葬在一片郁郁葱葱的草地上。

【话说英模】

"儿童团员"这一称谓，源自中国共产党在革命根据地建立的少年儿童组织，后来演化为现在的中国少年先锋队（简称"少先队"）。抗战时期，凡是愿意为党为人民贡献自己力量的少年儿童，都可以加入儿童团，成为儿童团员，担负站岗、放哨、送信等任务。少年英雄王二小就是他们中的一员。

王二小当儿童团员时，一边放牛，一边替八路军放哨。他本来

可以在发现敌人的第一时间跑掉，但为了革命的胜利，为了把日军尽快赶出中国，他与敌人斗智斗勇，把敌人引入八路军的埋伏圈。当敌人发现情况，折磨他的时候，他没有畏惧，也没有哭泣，而是英勇地选择了牺牲。

王二小牺牲时只有13岁，他用年轻的生命换来了乡亲们的平安。他牺牲时，流淌的鲜血染红了天边的云霞。

抗日战争和解放战争时期，像王二小这样爱国的小英雄数不胜数，比如视死如归的女英雄刘胡兰、敢于和敌人斗争到底的"燕嘎子"燕秀峰……

习近平总书记指出："'自古英雄出少年。'为了中华民族的今天和明天，我们要教育引导广大少年儿童树立远大志向、培育美好心灵，让少年儿童成长得更好。"

少年心事当擎云，振兴家国勇担当。为了接好历史的接力棒，广大青少年要牢记习近平总书记的谆谆教导，从小自觉培育和践行社会主义核心价值观，立德成人、立志成才，争做志存高远的新时代好少年、好儿童。相信在星星火炬的照耀下，在党的阳光沐浴下，新时代青少年一定不负时代，不负韶华，不负党和人民的殷切期望，努力成为德智体美劳全面发展的社会主义建设者和接班人，勇担新使命、建功新时代。

视死如归的女英雄

刘胡兰

【英模简介】

刘胡兰（1932年～1947年），原名刘富兰，山西文水人，中共党员。刘胡兰10岁参加儿童团，1945年进入中共文水县委举办的妇女干部训练班，1946年到文水县云周西村做妇女工作，担任妇救会秘书，后任主任。14岁被吸收为中共预备党员，15岁英勇就义。2009年9月，刘胡兰被评选为"100位为新中国成立做出突出贡献的英雄模范人物"之一。

【英模心语】

"要杀要砍由你们，怕死的不当共产党员！"

【英模事迹】

1947年初,一个伟大的名字响彻华北大地——刘胡兰。1947年8月1日,中共晋绥分局做出决定,追认刘胡兰为中共正式党员,高度评价了她短暂而光辉的一生。

刘胡兰,1932年10月8日出生于山西省文水县云周西村(现已更名为刘胡兰村)的一个贫苦农民家庭。她出生时父母给她起名"刘富兰",从名字上就可以看出一个挣扎在苦难与贫困线上的家庭对富裕生活的期盼与追求。刘胡兰四岁时生母撒手人寰,父亲刘景谦续娶胡文秀为妻,胡文秀将刘富兰名字中的"富"字改为自己的姓氏"胡",从此刘富兰改名为刘胡兰。

抗日战争全面爆发后,中国共产党领导山西人民开展救亡运动，文水县成立了抗日民主政府，云周西村涌现出一批抗日积极分子。刘胡兰小小年纪就参加了抗日儿童团，为八路军站岗、放哨、送情报。1946年，刘胡兰当上了村妇救会秘书，参加了党领导的送公粮、做军鞋等群众支前活动，还动员青年报名参加解放军。由于她在侦察敌情、锄奸、送弹药、救护伤员中经受住了考验，1946年6月，刘胡兰被批准为中共预备党员。从那以后，她更加积极地走乡串户，开展工作。在刘胡兰的配合下，敌人派来的作恶多端的村长被当地党组织和武工队铲除，然而这一举动也进一步招致了敌人的仇视。

1947年1月8日，敌军开始对云周西村进行疯狂的报复。敌人抓走了地下交通员石三槐、民兵石六儿、农会秘书石五则等人，并对他们进行严刑拷打。危急关头，刘胡兰一面派人向区里汇报，一面到被捕同志家慰问，并做了最坏情况的准备。

党组织十分关心刘胡兰的处境，决定派人接她上山，要她离开云周西村。可是，刘胡兰还没来得及动身，国民党反动派的军队就包围了云周西村。

刘胡兰被捕了，被关在一座庙里。敌人想收买刘胡兰，对她说："告诉我，村子里谁是共产党员，说出一个，给你一百块银圆。"刘胡兰大声回答："我不知道！"敌人又威胁她说："不说就枪毙你！"刘胡兰愤怒地回答："不知道，就是不知道！"敌人把刘胡兰打得鲜血直流。刘胡兰像钢铁铸成似的，一点儿也不动摇。

1947年1月12日，为了使刘胡兰屈服，残忍的敌人把她拉到庙门口的广场上，当着她和乡亲们的面，铡死了与她同时被捕的六名民兵。敌人指着血淋淋的铡刀说："不说，也铡死你！"刘胡兰挺起胸膛说："要杀要砍由你们，怕死的不当共产党员！"刘胡兰迎着呼呼的北风，踏着烈士的鲜血，走到铡刀前，从容地躺在铡刀下，英勇牺牲，年仅15岁。

　　毛泽东同志知道刘胡兰的事迹后，亲笔为刘胡兰题词："生的伟大，死的光荣。"

【话说英模】

　　英雄刘胡兰被敌人杀害时，比刘胡兰小三岁的妹妹刘爱兰就在烈士牺牲的现场。刘爱兰目睹了姐姐牺牲的场景，悲痛欲绝，一连几天粒米未进。

　　后来，刘爱兰加入中国人民解放军第一野战军西北战斗剧社。她的外貌、举止、神情都酷似姐姐，每次演出《刘胡兰》时，她都会同时饰演姐妹两人。一直不爱看戏的彭德怀在观看歌剧《刘胡兰》时，一边看一边擦眼泪，指示这个戏要在全军演出。

　　1946年6月刘胡兰入党时，面对党旗庄严宣誓："我入党后，不怕流血，不怕牺牲，一定革命到底！在困难面前不低头，在敌人面前不屈服！"最终，她以自己宝贵的生命实现了誓言。

　　刘胡兰牺牲时年仅15岁，她用短暂的一生画出了一道美丽的人生曲线。面对残暴的敌人，她没有丝毫退缩，以大义凛然、视死如归的革命气概，诠释了一名共产党员坚定的理想信念、大公无私的奉献精神和全心全意为人民服务的高尚情操，她不愧为"民族的脊梁、时代的先锋、祖国的骄傲"，她用鲜血和生命铸就了伟大的"刘胡兰精神"。

一代人有一代人的使命，一代人有一代人的担当。我们生逢盛世，但也重任在肩。新时代的刘胡兰精神需要广大青少年们用这16个字去传承：坚定信念、敢于斗争、坚贞不屈、不怕牺牲。我们要不断坚定"四个自信"，不断增强做中国人的志气、骨气、底气，传承红色基因、赓续红色血脉，按照党和人民的要求锤炼自己、提高自己，努力在实现中国梦的伟大实践中创造自己的精彩人生。

坚贞不渝的革命战士 赵一曼

【英模简介】

赵一曼（1905年~1936年），原名李坤泰，四川宜宾人，中共党员，抗日民族英雄，曾在中央军事政治学校武汉分校（即黄埔军校分校）第六期学习。1935年担任东北抗日联军第三军一师二团政治委员，1936年8月英勇就义。2009年9月，赵一曼被评选为"100位为新中国成立做出突出贡献的英雄模范人物"之一。

【英模心语】

"誓志为国不为家，涉江渡海走天涯……一世忠贞兴故国，满腔热血沃中华。白山黑水除敌寇，笑看旌旗红似花！"

【英模事迹】

1905年10月25日，赵一曼出生于四川宜宾北部白杨嘴村的一个封建地主家庭。五四运动爆发后，马克思主义在中国广泛传播。赵一曼的大姐夫郑佑之是个革命青年，在他的引导下，赵一曼开阔了眼界，萌发了新的认知。

1926年3月，赵一曼加入中国共产党。九一八事变后，她被调往东北，在沈阳工厂参与领导抗日战争。1933年10月，她兼任哈尔滨总工会代理书记。1934年春，赵一曼奉命建立了抗日游击队，配合主力部队抗击日军。第二年9月，她任东北抗日联军第三军一师二团政治委员。

1935年11月，赵一曼在掩护部队突围时腿部负伤，在昏迷中

被俘。为了从赵一曼口中获取有价值的情报，日军在审讯过程中动用了各种惨无人道的酷刑。然而，赵一曼始终坚贞不屈，她早已做好了决死的准备。不管敌人如何凶残，使用什么样的卑鄙手段，她都坚决捍卫党的尊严，不吐露半点党的秘密，并大声斥责日本帝国主义的罪恶行径。赵一曼说："我的目的，我的主义，我的信念，就是反满抗日。"

1935年12月，因赵一曼的身体状况极度恶化，日军将她送到医院监视治疗。其间，赵一曼对护士韩勇义和警士董宪勋进行了爱国教育，两人决定帮助赵一曼逃离。1936年6月，赵一曼成功逃离医院，但两天后被日军追上，再次被捕。赵一曼又多次受到严刑拷打，但依然铁骨铮铮。日军见实在无法撬开赵一曼的嘴，便决定将她处死。

1936年8月2日，赵一曼被押上了去珠河的火车。她知道最后的时刻到了，但她的内心却非常平静，她想起了远在异乡的儿子。在押解的途中，赵一曼为年幼的儿子写下了饱含深情的遗书。

宁儿：

　　母亲对于你没有尽到教育的责任，实在是遗憾的事情。母亲因为坚决地做了反满抗日的斗争，今天已经到了牺牲的前夕了。母亲和你在生前是永久没有再见的机会了。希望你，宁儿啊！赶快成人，来安慰你地下的母亲！我最亲爱的孩子啊！母亲不用千言万语来教育你，就用实行来教育你。在你长大成人之后，希望不要忘记你的母亲是为国牺牲的！

一九三六年八月二日
你的母亲赵一曼于车中

到了珠河，敌人把赵一曼放到一辆马车上"游街"。为了鼓舞人民的抗日信心，她激昂地唱起了《红旗歌》。在小北门外的刑场上，赵一曼奋力高呼："打倒日本帝国主义！""中国共产党万岁！"视死如归的赵一曼，从容就义，年仅31岁。

【话说英模】

2008年初，日本《朝日新闻》节目组计划采访赵一曼的孙女陈红，希望她到赵一曼故居做画面介绍。陈红说："我听了你们的采访计划，表面上看是好的。可是，你们国家对侵华战争死不认罪的态度，你能如实报道吗？对不起，我不能接待你们。"

在这之前，一位参加侵华战争的日本老兵也曾希望得到赵一曼后人的原谅，落个"功德圆满"，遂请来电视台全程跟踪拍摄。他万万没有想到，陈红拒绝了他的经济补偿："金钱不能赎回战争的罪恶，请你收回去！"日本老兵悻悻而退。

血总是热的！赵一曼烈士的后人，同样也有一腔热血、一颗倔强的心。

赵一曼是在东北参加抗日而牺牲的，东北人民对她格外敬重，常有东北的单位请陈红去讲她奶奶的故事。每每接到这样的邀请，

陈红不计任何成本也要去。

在宣讲现场，陈红经常被层层的人群围住，人们希望听到更多关于赵一曼的细节。每到这时，陈红总会充满激情和力量。她说："奶奶是一个弱女子，她甚至给自己取的字为'淑宁'，希望安宁平静地生活，但时代没有给她一个安宁的立锥之地。她没有屈服，而是选择了反抗，选择了一种为更多人的安宁而不惜牺牲的信念，成就了一项伟大的事业。"

血总是热的！陈红与赵一曼一次次的灵魂"对话"，传递给我们一种信念——敢于担当。任何时代都需要赵一曼这种敢于担当的信念，有了这份信念，一个人方能成为优秀的人，一个民族方能成为伟大的民族。

农民运动领导人

夏明翰

【英模简介】

夏明翰（1900年～1928年），湖南衡阳人。1924年，任中共湖南省委委员，负责农委工作。1926年春，任全国农民协会秘书长兼武汉中央农民运动讲习所秘书。中共八七会议后，组织参加秋收起义。1928年3月，在汉口被敌人逮捕；3月20日，在武汉汉口余记里被杀害，时年28岁。2009年9月，夏明翰被评选为"100位为新中国成立做出突出贡献的英雄模范人物"之一。

【英模心语】

"砍头不要紧，只要主义真。杀了夏明翰，还有后来人！"

青少年学英模 QINGSHAONIAN XUE YINGMO

【英模事迹】

　　1927年6月，根据党组织的安排，夏明翰回到湖南任省委委员兼组织部部长。同年7月，大革命失败后，夏明翰参与发动了具有伟大历史意义的秋收起义；10月，夏明翰服从中共湖南省委委派，辗转来到平江，兼任平（江）浏（阳）特委书记，领导发动了平江农民暴动。

　　1928年初，夏明翰告别妻子和刚出生的女儿，被党组织派到湖北省委工作。此时反动军阀正到处搜捕革命者，面对笼罩着恐怖阴霾的局面，夏明翰仍奔走在各个秘密联络点，紧张地开展工作。

　　一天，谢觉哉突然告诉夏明翰，交通员宋若林已靠不住。正当夏明翰收拾东西准备转移时，叛徒宋若林带着敌军警闯进来，夏明翰不幸被捕。夏明翰被带到了武汉国民党卫戍司令部，连续受到严刑拷打，但他大义凛然，怒视审判官。

在最后一次审讯中，敌法官问他："你难道不怕杀头？"

夏明翰哈哈大笑："怕杀头就不革命了！"

1928年3月20日，在被捕后的第三天，夏明翰被敌人押上了刑场。行刑前，当敌人问夏明翰还有什么话要说时，夏明翰大声说："有，给我纸和笔！"于是夏明翰奋力挥笔，写下了一首悲壮的就义诗："砍头不要紧，只要主义真。杀了夏明翰，还有后来人！"

夏明翰这首气壮山河、正气凛然的就义诗，被人们称为用热血谱写的革命战歌，激励着一代又一代"后来人"。

【话说英模】

今天，重读夏明翰的就义诗，对当代共产党人来说，其实也是回归初心之问：为谁而活，怎样活着。

据军史专家考证，长征途中，红军三大主力有近万人牺牲在雪山上，尸骨大多就地掩埋，来不及掩埋或无法掩埋的情况时有发生。20世纪50年代初，解放军一支精干的小分队重新进入四川松潘草地，泥泞的草地上仍布满了累累白骨和生了锈的刺刀、铁锅、马灯……

这是一组令人震撼的数字：从 1921 年到 1949 年，在中国共产党领导的革命中牺牲的、有名可查的烈士达 370 万人。

自中国共产党成立 100 多年来，这个群体的心灵密码代代相传，精神基因从未改变：他们是理想的殉道者、社会的探索者、主义的践行者、伟大的爱国者、无畏的革命者和无私的奉献者。

伏契克说过："为了争取将来的美好而牺牲了的人，都是一尊石质的雕像。"像夏明翰一样英勇牺牲的先烈们，何止是一尊尊石质的雕像，他们分明是一颗颗启明星！就像诗人艾青赞美的那样："被最初的晨光照射，投身在光明的行列，直到谁也不再看见你。"

杰出的农民运动领袖 方志敏

【英模简介】

方志敏（1899年~1935年），江西弋阳人，无产阶级革命家、军事家，杰出的农民运动领袖，土地革命战争时期赣东北和闽浙赣革命根据地的创建人。1928年1月参与领导弋横起义，创建赣东北革命根据地。先后任赣东北省、闽浙赣省苏维埃政府主席，红十军、红十一军政治委员，中共闽浙赣省委书记。1935年8月英勇就义。2009年9月，方志敏被评选为"100位为新中国成立做出突出贡献的英雄模范人物"之一。

【英模心语】

"敌人只能砍下我们的头颅，决不能动摇我们的信仰！"

青少年学英模
QINGSHAONIAN XUE YINGMO

【英模事迹】

　　1924年3月，方志敏加入中国共产党。在入党的第一天，他就立下誓言，要一生忠于党。

　　当时，北伐战争节节胜利，赣东北地区的农民运动、工人运动逐渐蓬勃开展起来，方志敏以极大的热忱领导着赣东北地区的党组织和革命队伍。在他的领导下，到1932年底，根据地扩展到包括赣、闽、浙的几十个县，人口达100多万。

　　1934年11月底，方志敏率领红军北上抗日先遣队由赣东北出发，开始北上抗日。蒋介石得知方志敏北上抗日的消息后，立即调集大批军队对他围追堵截。面对敌人的重兵围堵，方志敏带领部队克服艰难险阻，一次又一次地进行周旋反击。1935年1月，部队陷入敌军的包围圈，方志敏和战友们连续战斗几天几夜。面对困境，方志敏和战友们始终坚守阵地，没有一人退缩。但因敌众我寡、弹尽粮绝，方志敏不幸被捕。

被捕后的方志敏被敌军从上饶押往南昌，囚禁于"委员长行营驻赣绥靖公署"军法处看守所。敌人的暴行和诡计，非但没有动摇方志敏的革命意志，反而给他带来了向群众宣传革命思想、号召群众起来闹革命的机会。

在狱中，敌人加重了对方志敏的严刑拷打，使他遍体鳞伤，但他宁死不屈。严刑拷打失败了，敌人不肯罢休。蒋介石的私人秘书亲自找方志敏"谈判"，给他许诺高官厚禄，所得到的回答是方志敏的大声痛骂："你们这些凶恶的强盗、汉奸、卖国贼、屠杀工农的刽子手，有什么资格来和我谈判，我与你们是势不两立的。"身心受到极大摧残的方志敏没有一丝动摇，他始终忠于党和人民的意志，连敌人也不得不喟叹："方志敏反对一切提议，态度非常强硬，看他到死也不会动摇的。"

在极端艰苦的条件下，方志敏一方面组织和领导狱中的同志与敌人进行顽强的斗争，一方面写下了《狱中纪实》《可爱的中国》等不朽的著作。在《狱中纪实》中，他写了这样一首诗：

　　敌人只能砍下我们的头颅，
　　决不能动摇我们的信仰！
　　因为我们信仰的主义，

乃是宇宙的真理！

为着共产主义牺牲，

为着苏维埃流血，

那是我们十分情愿的啊！

"……我能丢弃一切，唯革命事业，却耿耿在怀，不能丢却。"方志敏在《在狱致全体同志书》中这样写道。

1935年8月6日，方志敏被押赴刑场，久经考验的共产主义战士方志敏永远倒在了南昌下沙窝的草地上。

【话说英模】

习近平总书记指出："无论时代如何发展，我们都要锻造舍生忘死、向死而生的民族血性。"方志敏的英勇壮举正是民族血性的激扬，他不愧为顶天立地、血沃中华的民族英雄。

1936年，美国记者埃德加·斯诺访问延安，看到毛泽东住着简陋的窑洞，周恩来睡的是土炕，彭德怀穿着用缴获的降落伞改制的背心……于是，他从中发现了一种独特的力量。他把这种力量称为"东方魔力"，并断言这是古老中国的"兴国之光"。

斯诺的发现并不是偶然的。他在国民党统治区看到的是官僚腐败、民不聊生，而在延安红军将士身上看到的是艰苦朴素、夙夜在公。决定、支配"延安作风"的"思想"和"天命"，是被共产党人视为命脉和灵魂的信仰。正是因为有了它，方志敏才坦言："敌人只能砍下我们的头颅，决不能动摇我们的信仰！"

今天，我们虽然处在和平年代，但斗争与牺牲的考验依然无时不在。广大青少年要像方志敏那样，高扬革命英雄主义旗帜，在关键时刻能冲得上、顶得住、豁得出；面对急难险重的艰巨任务，要一身是胆，拿出"攻城拔寨、舍我其谁"的锐气，知难而进、冲锋陷阵，决不躲躲闪闪、胆怯退缩；面对可能出现的生死考验，要满怀"人生自古谁无死，留取丹心照汗青"的正气，不怕牺牲，决不拈轻怕重、贪生怕死，汇聚起共产党人身先士卒、敢于胜利的强劲正能量，以模范行为引领推动全社会形成崇尚英雄、正气浩荡、英雄辈出的浓厚氛围，让英雄精神薪火相传，书写新时代的英雄史诗。

中国"铁人" 王进喜

【英模简介】

王进喜（1923年~1970年），甘肃玉门人，大庆油田石油工人。他出生于一个贫苦家庭，玉门解放后成为中华人民共和国的一名石油工人，因用自己的身体压制井喷而家喻户晓，被誉为"铁人"。1970年4月，王进喜被确诊为胃癌。同年11月15日，因医治无效不幸病逝，终年47岁。2009年9月，王进喜被评选为"100位新中国成立以来感动中国人物"之一。2019年9月，被授予"最美奋斗者"荣誉称号。

【英模心语】

"宁肯少活二十年，拼命也要拿下大油田！"

青少年学英模
QINGSHAONIAN XUE YINGMO

【英模事迹】

王进喜是中华人民共和国第一批石油钻探工人，大庆油田1205钻井队队长、钻井指挥部副指挥，全国劳动模范。

1959年，王进喜作为石油战线的劳动模范到北京参加群英会。他看到大街上的公共汽车车顶上都背着个"大包袱"，感到奇怪地问："背那家伙干啥？"别人告诉他："因为没有汽油，所以烧的煤气。"这句话像锥子一样刺痛了他，他曾多次向工友们说："一个人没有血液，心脏就会停止跳动。国家没有石油，天上飞的、地上跑的、海上行的，都要瘫痪。没有石油，国家有压力，我们要自觉地替国家承担这个压力，这是我们石油工人的责任啊！"

1959年9月26日，松基三井喷出了工业油流，宣告大庆油田

正式发现，一场规模空前的石油大会战随即展开。王进喜从西北的玉门油田率领1205钻井队赶来，加入了这场石油大会战。

一到大庆，呈现在王进喜面前的是许多难以想象的困难：没有公路、车辆不足，吃住都成问题。王进喜和他的同事下定决心，即使有天大的困难也要高速度、高水平地拿下大油田。

钻机到了，吊车却不够用，几十吨的设备怎么从车上卸下来？王进喜说："咱们一刻也不能等，就是人拉肩扛也要把钻机运到井场。有条件要上，没有条件创造条件也要上。"他们用滚杠加撬杠，靠双手和肩膀，迎着寒风，奋战三天三夜，硬是把38米高、60多吨重的井架竖立在荒原上。这就是大庆石油会战史上著名的"人拉肩扛运钻机"。

要开钻了，水管还没有接通，王进喜振臂一呼，带领工人到附近的水泡子里破冰取水，硬是用脸盆、水桶，一盆盆、一桶桶地往井场运了50吨水。在重重困难面前，王进喜带领全队仅用五天零四个小时就钻完了大庆油田的第一口油井。

在随后10个月的时间里，王进喜率领1205钻井队和1202钻井队，双双创造了年进尺10万米的奇迹。在那些日子里，王进喜身患重病也顾不上去医院；几百斤重的钻杆砸伤了他的腿，他拄着双拐继续指挥。

一天，井喷突然出现，当时没有压井用的重晶石粉，王进喜当即决定用水泥代替。没有搅拌机，成袋的水泥倒入泥浆池后搅拌不开，王进喜就甩掉拐杖，奋不顾身地跳进齐腰深的泥浆池，用身体搅拌。井喷被制服了，可是王进喜却累得站不起来了。

王进喜以"宁肯少活二十年，拼命也要拿下大油田"的顽强意志和冲天干劲，为祖国的石油事业日夜操劳，终致积劳成疾，于1970年病逝，年仅47岁。

王进喜留下的"铁人精神"，成为我国社会主义建设的宝贵财富，激励了一代代石油工人。

【话说英模】

在设备、技术不如人的情况下，大庆油田的"王进喜"们为何能够打破美国石油大王的纪录？

房东赵大娘的发现就是答案！

当年，赵大娘想让王进喜吃顿热乎饭，便带着饭菜来到井场。她见到连续工作很久的王进喜正躺在发电机旁的一个泥浆槽子边休息，身下铺的是一些草和一条被子，身上盖着老羊皮袄，头下枕着一个铁疙瘩。

大冷的天，枕着个铁疙瘩也能睡着觉？赵大娘的眼睛湿润了："活了大半辈子，除了那些打鬼子、打土匪，把脑袋别在裤腰上的人外，没见过这么拼命干活的人……王队长可真是个'铁人'啊！"时任石油工业部部长的余秋里听闻王进喜的事迹后连连称赞："我们就借用老百姓形象而生动的语言，叫他王'铁人'。"

人一旦与铁结合在一起，灵魂中就埋下了铁的种子。钻头亲吻大地，刹把雕刻地壳，"铁人"一生的声音中有两句最为壮美：一句是"宁肯少活二十年，拼命也要拿下大油田"的誓言；一句是"石油工人一声吼，地球也要抖三抖"的诗歌。

"铁人"不只有豪迈与正气，也有柔情与含蓄。王进喜乐于对妻子、孩子、朋友、徒弟付出，用人格魅力将身边的人团结在一起。

回望石油大会战，在豪迈与柔情的轰鸣交响中，"铁人"王进喜没有辜负全国人民的期待——

在中国最需要石油的时候，他就是一台钻机，专往有油的地方打；在灵魂最需要诗歌的时候，他就是一首诗歌，专用有铁的语言写。

中国导弹之父

钱学森

【英模简介】

钱学森（1911年~2009年），浙江杭州人，世界著名科学家、空气动力学家、中国载人航天奠基人，被誉为"中国航天之父""中国导弹之父""中国自动化控制之父"和"火箭之王"。1957年，获得中国科学院自然科学一等奖。1991年10月，被授予"国家杰出贡献科学家"荣誉称号和一级英雄模范奖章。1999年，被授予"两弹一星功勋奖章"。2009年9月，钱学森被评选为"100位新中国成立以来感动中国人物"之一。

【英模心语】

"我的事业在中国，我的成就在中国，我的归宿在中国。"

【英模事迹】

1955年10月8日,钱学森回到了中国首都——北京。

第二天一大早,钱学森急切地带着夫人和孩子来到天安门广场。仰望着雄伟的天安门和蓝天映衬下鲜红的五星红旗,钱学森热泪盈眶,他在心里一遍遍地喊着祖国的名字:祖国,母亲,您的儿子回来了!为了这个愿望,他在异国他乡奋斗了20余个春秋;为了这一天,他在煎熬中等待了漫长的5年。

1934年,钱学森带着科学报国的理想,远涉重洋赴美留学。经过多年寒窗苦读,36岁时的钱学森便誉满世界。他被美国麻省理工学院聘为终身教授,不仅得到了极高的荣誉,还拥有了舒适的生活、优越的工作和当时许多人向往的美国居住权。

1949年10月1日，得知中华人民共和国成立的消息后，钱学森兴奋难抑，他激动地对夫人蒋英说："我们该回去了！"埋藏多年的愿望强烈地撞击着他的胸膛，在他的血液中沸腾。留学生中有人向他泼冷水："祖国刚解放，要钱没钱，要设备没设备，现在回去搞科学研究，只怕很困难。"钱学森坚定地回答："我们日夜盼望着的，就是祖国能够从黑暗走向光明，这一天终于来到了。祖国现在是很穷，但需要我们大家——祖国的儿女们共同去创造，我们应当回去。我的事业在中国，我的成就在中国，我的归宿在中国。"

　　钱学森决心已定，便开始准备回国。令钱学森没有想到的是，就在他把行李装上轮船准备由水路回国的时候，美国海关以莫须有的"罪名"把他的行李"卡"住了，硬说他的书籍和笔记本中藏有重要军事机密，还诬蔑他是中国派来的"间谍"。这些只是借口，因为钱学森回国的决定令美国军方感到了强烈的不安。美国海军部副部长直言："钱学森无论走到哪里，都抵得上五个师的兵力。宁可毙了他，也不要放他回国。"

　　为了达到阻止钱学森回国的目的，1950年8月，在钱学森一家人准备乘坐加拿大班机离开美国时，美国国防部又以"莫须有"的罪名在海关扣留了他。几天之后，美国司法部又逮捕了钱学森。在关押期间，他们不停地折磨钱学森，每天晚上每隔十分钟进看守所开一次灯，不让他休息，企图从精神上拖垮他，迫使他放弃回归祖国的念头。肉体和精神上的种种折磨，不但丝毫没有动摇钱学森

回国的决心，反而更加坚定了他回国的信念。

1955年5月，钱学森从《人民画报》上看到自己家的世交陈叔通与毛泽东主席在一起的图片。钱学森马上给陈叔通写了一封信，夹在夫人蒋英写给在比利时的妹妹的信里，请陈叔通想办法帮助他回国。

陈叔通接到信后丝毫不敢耽搁，当天就把信交给了周恩来总理。周总理对此事非常重视，当即指示正在日内瓦参加中美大使级会谈的王炳南大使与美方进行交涉。美国一开始不肯承认扣留钱学森的事实，但当王炳南出示了钱学森的信后，他们接受了现实，允许钱学森回国。

1955年10月，钱学森一家终于踏上轮船，回到祖国的怀抱。他满怀深情地说："科学没有国界，但科学家有祖国。"钱学森的归来，使中国开启了"两弹一星"的研制，并且研制进程显著缩短。

【话说英模】

在一次采访中，钱学森告诉记者，他一生中有过三次激动的时刻。

第一次激动，是1955年他在美国向冯·卡门告别时，冯·卡门很感慨地说，"你现在在学术上已经超过了我"。这句评价，让钱学森激动极了。

第二次激动，是中华人民共和国成立十周年的时候，他被接纳为中国共产党党员。钱学森激动得夜不成寐。

第三次激动，是 2009 年他读了王任重为《史来贺传》撰写的序言。序言中提及，中央组织部决定将雷锋、焦裕禄、王进喜、史来贺和钱学森五人作为中华人民共和国成立以来在群众中享有崇高威望的共产党员的优秀代表。能跟雷锋、焦裕禄等人并列，钱学森心情十分激动。

1994 年，钱学森获得何梁何利基金优秀奖，奖金 100 万港元；2001 年，他又获得香港霍英东基金会"科学成就终身奖"，奖金也是 100 万港元。两笔奖金的支票还没拿到手，钱学森就让他的秘书兼学术助手涂元季代写委托书，要将这两笔钱捐赠给西部的沙漠治理事业。两笔奖金捐出时，钱学森说："我姓钱，但是我不爱钱。"

也许理解了钱学森的三次激动，理解了钱学森的不爱钱，也就理解了他为什么说"我的事业在中国，我的成就在中国，我的归宿在中国"。

出于对党和国家这种深深的热爱，钱学森才会在 20 世纪 80 年代提出解放军人才方阵的学历构想——军长为博士，师长为硕士，团长为学士。当时有人觉得这一构想"近乎神话"。然而，经过多年不懈努力，钱学森构想的"神话"正在变成现实。今天中国人民解放军已经拥有一大批素质优秀的学士、硕士、博士，基层干部基本实现本科化。

重温钱学森构想，我们能够品读出他深深的挚爱与忧虑。

抗日英雄

杨靖宇

【英模简介】

杨靖宇（1905年~1940年），原名马尚德，河南确山人，无产阶级革命家、军事家，鄂豫皖苏区及红军的创始人之一，东北抗日联军的主要创建者和领导人之一。1932年，受党中央委托到东北组织抗日联军，历任抗日联军总指挥、政治委员等职。1940年2月，他孤身一人与日军周旋战斗几昼夜后壮烈牺牲。2009年9月，杨靖宇被评选为"100位为新中国成立做出突出贡献的英雄模范人物"之一。

【英模心语】

"老乡，我们中国人都投降了，还有中国吗？"

青少年学英模 QINGSHAONIAN XUE YINGMO

【英模事迹】

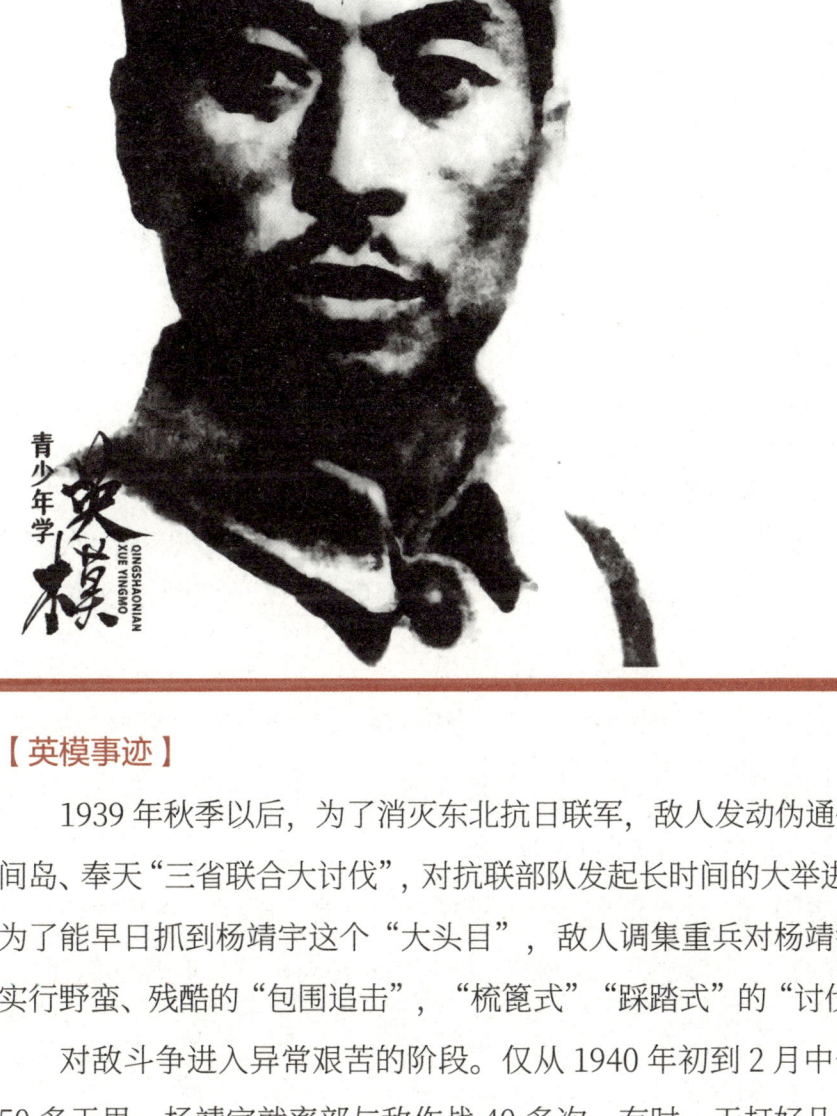

1939年秋季以后，为了消灭东北抗日联军，敌人发动伪通化、间岛、奉天"三省联合大讨伐"，对抗联部队发起长时间的大举进攻。为了能早日抓到杨靖宇这个"大头目"，敌人调集重兵对杨靖宇部实行野蛮、残酷的"包围追击"，"梳篦式""踩踏式"的"讨伐"。

对敌斗争进入异常艰苦的阶段。仅从1940年初到2月中旬的50多天里，杨靖宇就率部与敌作战40多次，有时一天打好几仗。杨靖宇充分发挥指挥才能，一次又一次地突破敌人的围攻。由于敌人的力量过于强大，部队无法补充粮食、弹药，战士们只能以草根、树皮充饥，甚至吞咽衣服里的棉絮。饥困交加，战斗进行得越来越困难。杨靖宇不得不做出各部队化整为零的决定，分散突围，以保

存实力，待机重新集结。

天气异常寒冷，部队棉衣不齐，有的人手脚都冻伤了。可是敌军越集越密，"讨伐"越来越频繁。就在杨靖宇他们为解决棉衣问题召集各部负责人开会研究时，因叛徒出卖，部队被四万多日伪军层层包围。为了掩护各部队分头转移，杨靖宇带领部分战士从正面吸引敌人，由机枪连开路，生生撕开了一道口子。当他们突围出去后，敌人又纠集了更多兵力。他们甩掉一股敌人，又遇上一股，很难得到休整的机会。雪地行军，战士们的裤子总是湿的，寒风一吹，裤子被冻成冰甲，很难打弯，战士们迈步都很吃力；鞋子也都跑烂了，战士们只好割下几根柔软的榆树条子，从头拧到尾，当作绳子把鞋绑在脚上；衣服全被树枝扯烂了，开着花，白天黑夜都挂着厚厚的霜，战士们浑身上下全是白的，全是凉的。为了防止被敌人发现，连生火做饭、取暖都成了他们的奢望。

更困难的是没有吃的，不要说没有粮食，就连草也被埋在二三尺深的积雪里没法找、没法挖。杨靖宇和战友们只好吃难咽的树皮，他们先把老皮刮掉，再把那层泛绿的嫩皮一片片地削下来，放在嘴里嚼，艰难咽下。

在与敌人反复周旋的过程中，为了缩小目标，杨靖宇将队伍化为小组分散突围，他的身边只留下十几个战士。这种机动灵活的指挥作战方式，使敌人始终无法掌握杨靖宇的行踪和去向。

1940年2月18日，杨靖宇身边的两名警卫战士聂东华和朱文范在向群众购买粮食时被叛徒认出，壮烈牺牲，敌人因此缩小了对杨靖宇的包围。至此，杨靖宇孤身一人，陷入重重包围之中。2月23日下午，他拖着受伤的身子来到濛江县西南保安村的三道崴子时，被敌人围住。

杨靖宇陷入绝境后，日军派叛徒向他劝降。杨靖宇毅然决然地回答："老乡，我们中国人都投降了，还有中国吗？"劝降失败后，敌人猛烈开火，击中了杨靖宇的左腕。他在左手手枪落地的情况下，继续用右手射击，直至胸部中弹壮烈牺牲，年仅35岁。

杨靖宇牺牲后，残暴的敌人割下他的头颅，又剖开他的腹腔进行检查，想知道是什么支撑着这名英勇的共产主义战士。敌人从他的肠胃里没有找到一粒米，看到的全是枯草、树皮和棉絮。

1946年，为了纪念杨靖宇，东北民主联军通化支队改名为杨靖宇支队，濛江县改名为靖宇县。

【话说英模】

卑鄙是卑鄙者的通行证，高尚是高尚者的墓志铭。

死亡就像一道分水岭，杨靖宇用行动划清了卑鄙与高尚之间的界限。

坦然面对死亡，不是每个人都可以做到的。

但杨靖宇做到了。大义凛然，视死如归。

站着死的高大，反衬出跪着生的渺小。

西塞罗说："一个不懂自己出生前的历史的人，永远是个孩子。"今天，我们重温杨靖宇从容就义的历史，就是要回归初心，在任何时候绝不向亡国灭种的各种危险投降——

想投降，有一千个、一万个乃至无数个借口。

而不想投降，只有一个理由，80多年前杨靖宇早就一语道破："我们中国人都投降了，还有中国吗？"

无数中国共产党人像杨靖宇那样，通过艰苦卓绝的奋斗向世界证明：只有共产党才能够救中国。这是共产党人的坚强决心，更是共产党人的坚决行动。

中华人民共和国的诞生，标志着东西方列强凭借坚船利炮就可以攻破中国国门来肆意掠夺的时代，一去不返。

正是从这个角度，我们更加深刻地感受到，中国共产党人敢于向国内外一切敌人宣战。通过这些铁的事实，全世界才真正清楚地认识到"中国人民从此站起来了"。

"两弹一星"元勋 邓稼先

【英模简介】

邓稼先（1924年～1986年），安徽怀宁人，著名核物理学家、中国科学院院士、核武器事业的奠基人和开拓者。曾任国防科工委科技委副主任，荣获国家自然科学奖一等奖和国家科技进步奖特等奖，为我国核武器研制事业默默无闻、兢兢业业地奋斗了28年。1999年，邓稼先被追授"两弹一星功勋奖章"。2009年9月，邓稼先被评选为"100位新中国成立以来感动中国人物"之一。

【英模心语】

"不要让人家把我们落得太远……"

【英模事迹】

1948年，邓稼先怀着科学救国的理想来到美国普渡大学。在那里，他仅用一年多的时间就修满学分，获得博士学位。当时邓稼先才26岁，人们都称他为"娃娃博士"。

1950年8月，邓稼先放弃了美国优越的工作条件和生活环境，谢绝了恩师、好友的挽留，毅然回到祖国。

1958年秋的一天，第二机械工业部的一位负责人找到邓稼先，问他："国家要放一个'大炮仗'，你愿不愿意参加？"邓稼先一听，知道这是一项十分光荣而又艰巨的任务，便毫不犹豫地答应了。从此，在国内外崭露头角的物理学家邓稼先从人们的视野中神秘地"消失"了。

邓稼先刚到核武器研究所时，那里只是一片庄稼地，连个像样的房子也没有，技术人员只有几个刚分来的大学生。作为原子弹理论设计负责人的邓稼先不得不白手起家，从头干起。他和建筑工人一起摸爬滚打盖起了房子，仅仅几个月，一幢幢新的研究室和厂房便拔地而起。

1959年6月，苏联单方面撕毁中苏两国政府签订的协议，撤走了专家。"靠别人不如靠自己，我们要用自己的双手造出原子弹。"从此，在没有资料、没有经验的情况下，为了当好原子弹设计先行工作的"龙头"，邓稼先一边研究翻译资料，一边进行设计。那段时间，他每天只休息两三个小时。作为原子弹理论设计的负责人，他带领同事们集体攻关，夜以继日地进行运算，克服了一个个科学难关。

功夫不负有心人。1964年10月16日下午3时，巨大的蘑菇云在新疆罗布泊荒漠腾空而起，中国第一颗原子弹爆炸成功。

紧接着，邓稼先带领他的团队，经过艰苦努力，在原子弹爆炸的两年零八个月后，实现了氢弹的成功爆炸。这比国外最快速度还早了两年。

1979年，已升任核武器研究院院长的邓稼先仍然喜欢亲力亲为，深入一线指挥。在一次航投试验中，由于降落伞出现事故，原子弹坠地摔裂了。邓稼先看到这种情况，不顾个人安危，抢上

前去，把原子弹碎片拿到手里进行仔细检验。由于受到放射性物质的辐射，邓稼先的肝脏受损，放射物侵入骨髓里。在病情严重以致行动不便的情况下，他仍然坚持自己去装雷管，并以院长的口吻命令："你们还年轻，你们不能去！"

还有一次，井下核试验成功了，在庆功会上，兴奋的他只喝了一小杯酒，便突然晕倒在地。这下把在场的人吓了一大跳，大家一量他的血压是零。人们呼唤着："邓院长，邓院长……"这次，他累倒了，医生整整抢救了一夜。邓稼先睁开眼睛后的第一件事就是问："核试验测试结果如何？试验的各种数据拿到了没有？"还没等身体恢复，他便又投入到紧张的工作中。

1986年7月29日，邓稼先因病逝世。临终前他还反复叮咛："不要让人家把我们落得太远……"

【话说英模】

62，28，20。

如果用三个数字来概括邓稼先的一生，这应该是三个令人震撼的数字。

邓稼先在他短短62年的人生里，有将近28年的时间与亲人聚少离多，而他却用了一生的心血研制原子弹和氢弹。当时国家奖励整个团队10000元，分给邓稼先的，只有区区20元。

很多人都问过邓稼先的夫人许鹿希，为什么能够忍受和丈夫分离长达28年？她淡淡地说，因为她不仅见过洋人，还见过洋鬼子；不仅见过飞机，还见过敌人的飞机在空中盘旋轰炸自己的家园；不仅挨过饿，还被敌人的炮火逼着躲进防空洞里忍饥挨冻。她说，因为有了这些经历，她才能够理解邓稼先，理解他因为要造原子弹而和自己聚少离多，分离近28年之久。

一生不为名利的邓稼先病危的时候，好友杨振宁来看他。杨振宁问了邓稼先一个问题："你研究两弹，国家奖励给你多少钱？"

"原子弹10元，氢弹10元。"这是邓稼先给出来的答案。

那一刻，杨振宁愣住了，一时语塞。

邓稼先和杨振宁有一张合照，那是邓稼先去世前最后一次与这位好友合照。当时，邓稼先的嘴角依然有血迹，与大自己两岁的杨振宁相比，邓稼先看起来更显苍老。

那是一张令人心痛的合照。邓稼先嘴角的血迹，深深地刺痛了每一个有良知的中国人。嘴角的血迹，是他的身体即将油尽灯枯的预告，更是他无愧于祖国和人民的写照；嘴角的血迹，是他对妻子儿女绵绵不尽的牵挂，更是他对未竟事业的殷殷嘱托。

他来的时候，中国没有核工业；当他走的时候，中国已然成为一个核能大国。

无双国士，邓稼先当之无愧。

红军师长

陈树湘

【英模简介】

陈树湘（1905年～1934年），湖南长沙人。1925年7月加入中国共产党。1927年参加北伐军叶挺部，任班长、警卫团排长。同年参加南昌起义，后又随团参加秋收起义，并上井冈山，历任连长、支队政治委员、师长等职。1934年10月，中央红军开始长征，他率领红三十四师担负全军后卫。同年12月18日，壮烈牺牲，年仅29岁。2009年9月，陈树湘被评选为"100位为新中国成立做出突出贡献的英雄模范人物"之一。

【英模心语】

"誓为苏维埃共和国流尽最后一滴血！"

青少年学英模 QINGSHAONIAN XUE YINGMO

【英模事迹】

长征开始后，红三十四师师长陈树湘带领部队担负全军后卫，同敌兵频繁作战，兵不卸甲，马不解鞍。哪里有敌人的追兵，他们就要在哪里实施堵击。

1934年11月25日，中央红军开始抢渡湘江，艰苦的后卫掩护任务便落在了红三十四师身上。11月28日，天气异常阴冷，陈树湘指挥部队在湘江东岸、广西水车一带的山上刚建立起阻击阵地，敌人就如潮水般蜂拥而至。

面对数十倍于己的敌人，陈树湘毫无惧色，他镇定自若地指挥部队应战。经过三天三夜的艰苦战斗，红三十四师打退了敌人一次又一次进攻，掩护了中央机关、中央军委纵队和主力红军渡过湘江。

12月1日，已经与三面之敌鏖战四天五夜的红三十四师胜利完成了后卫掩护任务。但他们也为此付出了巨大牺牲，全师6000多人锐减到不足1000人。而此时，他们仍处在敌人的包围之中，湘江沿岸各个渡口已完全被敌人封锁，红三十四师被敌人截断在湘江东岸，无法渡江追赶主力部队。

12月2日，陈树湘率部翻越海拔1900多米的宝盖山，试图从湘江边的凤凰嘴渡江。他知道这可能是争取渡江的唯一机会了。不料，他们又遭到敌军两师的猛烈阻击。这次非但没能打退敌人夺得徒涉点，反而使部队伤亡100多人。师政治委员程翠霖、政治部主任蔡中和两位团长在战斗中相继阵亡。面对无法渡江追赶主力部队的现实，陈树湘果断决定，退进都庞岭，暂时立足，等待时机。部队刚到洪水箐，便遭到广西民团的伏击。经过一天的激战，直到黄昏，他们才把敌人击退。这时，红三十四师接到军团部电令，指示他们退回湘南打游击。陈树湘立即组织会议，宣布了两条决定："第一，寻找敌人兵力薄弱的地方突围出去，到湘南发展游击战争；第二，万一突围不成，誓为苏维埃共和国流尽最后一滴血！"

激烈的战斗持续数日，红三十四师孤军奋战在湘江东岸的几个小山包上。陈树湘带领余部拼死冲杀，终于突出重围，身边仅剩200多人。为保存实力，避开敌人，陈树湘率部沿都庞岭山麓向南退却。

12月12日，红三十四师来到江华桥头铺附近的牯子江渡口。

陈树湘见渡口雾气蒸腾，死一般寂静，根据多年作战经验，他命令部队做好战斗准备，抢渡牯子江。当渡船行到河心时，埋伏在对岸的江华民团开枪了。陈树湘站在船头，将个人生死置之度外，边命令部队用机枪还击，边指挥部队快速抢渡。敌人发现陈树湘是红军指挥员后，将枪口瞄准了他。陈树湘腹部中弹，伤势严重。战士们用担架抬着流血不止、脸色惨白的师长，由江华界牌向道县四马桥方向退却。不久，陈树湘和他的警卫员被俘。敌人得知抓到一位红军师长后，高兴得发狂。在四马桥坐镇指挥的道县保安团一营营长何湘命令将陈树湘抬到一间布铺里，为他找医送饭，企图从他口中得到红军的情报。面对猖狂的敌人，陈树湘坚贞不屈，拒食、拒医，继续与敌人斗争。

12月18日拂晓，保安团抬着陈树湘赶往道县县城，企图向上级邀功请赏。在押送途中，陈树湘乘敌不备，咬紧牙关，忍着剧痛，将手伸入腹部伤口处，绞断了肠子……陈树湘壮烈牺牲。陈树湘和红三十四师将士坚持战斗到最后一刻，实现了他"为苏维埃共和国流尽最后一滴血"的誓言。

【话说英模】

提起湘江战役，很多人知道"绝命后卫师"红三十四师，知道牺牲时只有29岁、"断肠明志"的陈树湘师长。

湘江战役中，红三十四师6000余名官兵在师长陈树湘的率领下，英勇完成了阻击敌人、保护党中央的重任。跳悬崖后被树丛挂

住的韩伟，成了全师唯一活下来的团以上领导干部。

很多年后，韩伟将军弥留之际，对儿子韩京京说："湘江战役时，我带出的闽西子弟都牺牲了，我对不起他们和他们的亲人……我活着不能和他们在一起，死了也要和他们在一起，这样我的心才能安宁。"

2014年，陈树湘烈士牺牲80周年纪念日前，韩京京请人为陈树湘塑像。三尊塑像，一尊被烈士故乡的长沙博物馆收藏，一尊被赠给某部红三连——其前身是陈树湘烈士带过的红四军特务大队，一尊被安放在韩京京家中，与父亲韩伟的塑像肩并肩，就像两人当年一起战斗的岁月那样。

韩京京不止一次地深情告白："我是陈树湘爹爹的儿子，我是红三十四师的儿子！"

在我们这支从山沟、窑洞、地道、青纱帐、芦苇荡"钻"出来的军队中，孤身一人如陈树湘者不在少数，夫妻兵、父子兵、兄弟兵也屡见不鲜。其实，其中的道理并不复杂：跟随共产党的队伍越走越长。

岂止是命运，更多是信仰！

今天，位于长沙县福临镇的树湘文化广场一角，一面题为"我的29岁"的追思墙上，密密麻麻地贴满了参观者手写的感言。或苍劲或灵动的字体，记录着当代青年的思考：同为29岁，时代不同，责任相同；怀思先烈事迹，传承红色基因……

特级英雄

杨根思

【英模简介】

杨根思（1922年~1950年），江苏泰兴人，全国战斗英雄，中国人民志愿军第一位特等功臣和特级战斗英雄，中国人民志愿军第一位"朝鲜民主主义人民共和国英雄"。1950年10月，参加中国人民志愿军赴朝作战。同年11月29日，在抗美援朝战场阻击美军南逃战斗中壮烈牺牲，时年28岁。2009年9月，杨根思被评选为"100位新中国成立以来感动中国人物"之一。2019年9月，被授予"最美奋斗者"荣誉称号。

【英模心语】

"不相信有完成不了的任务，不相信有克服不了的困难，不相信有战胜不了的敌人。"

【英模事迹】

1950年10月，抗美援朝战场上的志愿军后方运输线因遭到敌机日夜轰炸，后勤供应不上，战士们忍冻挨饿。作为志愿军某部连长的杨根思鼓舞大家说："不相信有完成不了的任务，不相信有克服不了的困难，不相信有战胜不了的敌人。"

1950年11月，杨根思奉命率领一个排扼守下碣隅里外围1071.1高地东南小高岭，负责切断美军南逃退路。29日，号称"王牌"军的美军陆战第一师开始向小高岭进攻，猛烈的炮火将大部工事摧毁。杨根思带领全排迅速抢修工事，做好战斗准备。待美军靠近到只有30米时，他带领全排突然射击，迅猛地打退了美军的第一次进攻。

在战士们短暂休整之后，敌人两个连的兵力在八辆坦克的掩护下，又向小高岭阵地扑来。杨根思让大家沉住气，做好战斗准备。敌人越走越近，杨根思首先扔出了手榴弹，战士们也跟着投出了一颗颗手榴弹。在手榴弹的爆炸声中，杨根思带领大家冲入敌阵，用刺刀、枪托、铁锹与敌人展开拼杀。激战中，又有一批美军涌上山顶，杨根思亲率七班和九班正面抗击，指挥八班从山腰插向敌后，再次将美军击退。

美军见两次进攻都被粉碎，就开着坦克疯狂地冲上山来。面对这个庞然大物，杨根思毫不畏惧，他暗下决心，一定要把它炸掉。经过多次努力，在炸药包的爆炸声中，美军的坦克再也开动不了。敌人的第三次冲锋又被打退。

没有多久，残酷的战斗又开始了。敌人仿佛不把这个小小的山岭炸成平地就不甘心，他们将成百上千的炮弹、炸弹扔向小高岭，随后发起集团冲锋。杨根思率领战士们誓与阵地共存亡，一次次击退了敌人的进攻。上午10时，敌人发起第八次冲锋后，全排只剩下杨根思和两名伤员，所有的弹药都打光了。增援部队尚在途中，眼瞅着美军又要冲上来了，负了伤的杨根思平静地对那两名伤员说："你们下去，把重机枪带下去，不能留给美国鬼子。"两名伤员请求留下来继续战斗，而杨根思此时一改往日温和的面孔，斩钉截铁地加以拒绝。不得已，两名伤员哽咽着给杨根思行了一个庄重的军礼，拖着重机枪下了阵地。

青少年学英模

阵地上只剩下杨根思一个人了。他巡视了小高岭一圈，拾起可用的枪支和一个炸药包放在身边，选好地形隐蔽起来，密切监视着敌人的动向。杨根思始终坚定着一个信念：我在阵地在！

敌人又开始猛攻小高岭了。当他们向山头疯狂扑来时，杨根思猛地站起来，随着一声枪响，美军指挥官应声倒地。敌人慌乱了，他们万万没有想到，原以为已经没有任何抵抗能力的小高岭，却仍有志愿军战士在坚持战斗。当杨根思投完手榴弹、射出最后一颗子弹后，40多个美国兵又冲了上来。杨根思站起来，一把拉着了炸药包的导火索，导火索"呲呲"地冒着烟，杨根思冲向敌群。"轰"的一声巨响，天空泛起了一团红光，照得小高岭分外庄严。杨根思与敌人同归于尽，勇士辉煌化金星，敌人腐烂变泥土。

【话说英模】

杨根思作为牺牲在抗美援朝战场上的英雄，他的"三个不相信"，令人肃然起敬！

严格地讲，"朝鲜战争"与"抗美援朝战争"是两个不同的概念。朝鲜战争从"三八线"开始，最终又基本回到原地；而抗美援朝战争却是从鸭绿江边开始，最后取得了将当时世界上技术水平最强的对手击退500公里的辉煌胜利。

取得辉煌胜利的奥秘，除了中国共产党第一代领导人的正确决策和科学指挥外，还在于有一大批像杨根思这样的英雄。

杨根思的"三个不相信",有其历史必然。

纵观中国近现代史,共产党人的伟大历史自觉,就犹如一簇星火,点燃希望;抗战胜利,为国家和人民赢得重生……

正是在这样的基础上,鸟瞰钩沉抗美援朝,我们蓦然发觉:雄狮真正醒来!

西方侵略者只要在东方一个海岸上架起几尊大炮就可以霸占一个国家的时代,是一去不复返了!

"三个不相信",是中国人说"不"的生动体现。

今天,任何一个国家如果想把它的意志强加在中国共产党和中国人民头上,无异于痴人说梦,中国人不吃这一套!

县委书记的榜样 焦裕禄

【英模简介】

焦裕禄（1922年~1964年），山东博山人。1946年加入中国共产党，1962年被调到河南省兰考县担任县委书记，1964年5月14日因肝癌病逝于郑州，终年42岁。他亲民爱民、艰苦奋斗、科学求实、迎难而上、无私奉献的精神，被称为"焦裕禄精神"。2009年9月，焦裕禄被评选为"100位新中国成立以来感动中国人物"之一。2019年9月，被授予"最美奋斗者"荣誉称号。

【英模心语】

"活着我没有治好沙丘，死了也要看着你们把沙丘治好！"

青少年学英模
QINGSHAONIAN XUE YINGMO

【英模事迹】

一提到河南兰考，大家便不约而同地想到县委书记的榜样——焦裕禄，那是他生前战斗并为之献出生命的地方。

1962年冬天，焦裕禄来到没有干部愿意久留的地方——河南省兰考县担任县委书记。那时，兰考的"三害"——风沙、盐碱和内涝问题十分严重，导致农业产量极低，全县粮食亩产仅有100来斤，当地百姓生活十分困难。

一踏上兰考的土地，展现在焦裕禄面前的是一眼望不到边的黄沙，没有半点绿色；盐碱地白茫茫一大片，寒风中摇曳着毫无生机的枯草。看到此情此景，焦裕禄下定了决心：不改变兰考的面貌，决不离开这里。

课本英模

上任第二天，焦裕禄就深入田间地头和农民中间进行调查访问。他心里非常清楚，想除"三害"不是一件轻而易举的事情，需要付出艰辛的努力，进行大量艰苦细致的调查研究工作。

1963年2月，县委成立除"三害"办公室，决定在全县范围内开展治沙、治水、治碱的斗争。当时，焦裕禄已经患有严重的肝病，许多同志劝他不要下基层，等着听汇报就好，但他毫不犹豫地拒绝了同志们的劝告，他说："吃别人嚼过的馍没味道。"说完他就背着干粮、拿着雨伞，和大家一起出发了。

每当风沙肆虐的时候，人们总能最先看到焦裕禄的身影，他带头去查风口、探流沙；每当大雨倾盆的时候，他又带头涉水查看洪水流势。他不辞辛劳地追寻风沙和洪水的去向，他知道，这才是掌握风沙、水涝规律的有利时机。

一次，一场大暴雨不停歇地下了七天七夜，整个兰考县城变成一片汪洋。这是查看洪水的好时机，于是焦裕禄带着县委的三位同志，径直奔向了洪水源头。

焦裕禄拄着木棍边往前探着走，边观察洪水的流向，不时地与同事交流。过了一会儿，他停下来，站在齐腰深的水里，拿出纸和笔，画起了洪水的流向图。突然，他的手抖了一下，笔差点掉进水里。同事见他的脸色有点难看，知道他的肝病又犯了，便恳求他回去休息。焦裕禄摆摆手："没事，没事！一会儿就好了。"

就这样，他们找到了洪水的源头，并见到了当地的支部书记。

焦裕禄顾不上休息，马上拿出一张张画好的洪水流向图，高兴地对支部书记说："问题终于可以解决了。你看，从这里开一条河，再从这里挖一条沟，就可以把几个大队的积水全都排出去了！"支部书记听了后，十分兴奋地说："这下我们的好日子有盼头了。"

在焦裕禄的带领下，经过日日夜夜的辛苦奔波，调查队摸清了"三害"的底细。他们把全县84个大小风口、1600个大小沙丘与河流走向分布都查清、编号、绘图，整理出一套具体翔实的资料。

1964年春天，兰考人民同"三害"的斗争胜利推进，而焦裕禄的肝病已经到了晚期。在生命的最后时刻，焦裕禄恳切地说："我死后只有一个要求，要求党组织把我运回兰考，埋在沙丘上。活着我没有治好沙丘，死了也要看着你们把沙丘治好！"

这就是一个一心为民的好书记、党的好干部。焦裕禄以自己的实际行动铸就了焦裕禄精神，成为几代人的楷模。

【话说英模】

在河南省兰考县，有一棵枝繁叶茂的大泡桐树。建党百年时，恰逢它58岁，58岁的它有一个特殊的名字：焦桐。

这是焦裕禄于1963年初春亲手植下的泡桐树。半个多世纪过去了，当年的小树苗如今已是满目苍翠，春风拂过，桐花满城飘香。

焦裕禄有一张广为流传的照片，他肩披外套、双手叉腰、侧头目视远方，背后斜伸出一片桐树叶。那棵未露全貌的泡桐，就

是"焦桐"。

以焦为姓,泡桐何其有幸;与桐并老,裕禄此生无憾。

人道是,泡桐耐盐碱。焦裕禄推广种植泡桐,果然发现它能在沙窝子里扎根,根深叶茂,能够有效挡风压沙。满地泡桐,成为焦裕禄带领兰考人民治理水沙碱"三害"的金钥匙。

当年风沙肆虐的兰考,如今已是泡桐的林海。

昔日固沙苗,今朝致富经。长在黄河故道沙土中的泡桐,纹路清晰,声学品质和共振性能好,板材音质奇佳,在全国是独一无二的。

从20世纪80年代起,兰考县堌阳镇徐场村村民纷纷用泡桐学做乐器、开乐坊。而今,用泡桐加工成的各种乐器畅销全球,兰考泡桐成了当地百姓发家致富的"摇钱树"。

"百姓谁不爱好官?把泪焦桐成雨。"从焦桐的深情诉说中,更多人明白了中国共产党人一心为民的真谛。

龙梅、玉荣

草原英雄小姐妹

【英模简介】

龙梅（1952年~　），蒙古族，辽宁阜新人，中共党员，曾任内蒙古自治区包头市东河区政协主席；玉荣（1955年~　），蒙古族，辽宁阜新人，中共党员，曾任内蒙古自治区政协办公厅副主任、民族和宗教委员会主任。1964年2月9日，龙梅和玉荣在暴风雪中保护了公社的384只羊。不久，她们被授予"草原英雄小姐妹"光荣称号。2009年9月，草原英雄小姐妹被评选为"100位新中国成立以来感动中国人物"之一。

【英模心语】

"只要跟着羊群跑，羊就丢不了。集体的羊一只也不能少。"

【英模事迹】

　　1964年2月9日，星期天，做完功课的龙梅、玉荣姐妹俩便自告奋勇去帮生产队放羊。在阿爸的再三叮嘱下，姐妹俩赶着羊群来到辽阔的达尔罕草原上放牧。

　　接近中午时，天空突然乌云密布，西北风呼呼地刮着，暴风雪就要来了！姐妹俩担心起来，赶紧把羊群往回赶。可是风太大了，她们顶着风实在是走不动。紧接着，大片的雪花打在了她们的脸上。暴风雪席卷着整个草原，羊儿们吓坏了，不仅不往前走，反而回过头顺着风跑。姐妹俩左赶右撵，大声吆喝，奋力阻拦，可羊群就是不听话，顺着暴风雪疯狂跑去。妹妹玉荣急哭了，姐姐龙梅安慰道："只要人在，羊群就在。阿爸不是说羊群是我们牧民的命根子吗？""一定要保住集体的财产！"姐妹俩异口同声。在茫茫暴风雪中，两个小女孩追着羊群拼命地东跑西赶……

暴风雪越来越猛，气温也越来越低。整个草原渐渐笼罩在一片黑暗中，姐妹俩已经紧跟羊群奔跑了整整一个下午。妹妹玉荣的小脸早已冻肿，她呼呼地喘着粗气，紧跟在姐姐龙梅身后。漫天风雪中，姐妹俩焦急万分，筋疲力尽。狂风吹着脸庞，暴雪袭击着身体，她们辨不清方向、看不见道路，只能跟着羊群奔跑。姐妹俩看见前面有一低洼处，便奋力把羊群拢在这里，想暂时躲避一下暴风雪。姐姐龙梅脱下自己的袍子，盖在妹妹玉荣身上。她们又冷又饿又困，不知不觉间依偎着睡着了。

不知过了多久，被冻醒的龙梅发现妹妹玉荣和羊群没了踪影。龙梅担心极了，她扯着喉咙呼喊，可茫茫风雪吞没了她的声音。她顺着风向，跌跌撞撞地向前跑去。大约跑了二三里路，龙梅终于找到了妹妹玉荣和羊群。悬着的心稍微放下了，姐妹俩抱在一起。为了不再走散，姐妹俩决定靠在一起，手拉着手跟着羊群走。两人又累又饿，真想躺倒在雪地里，可羊群一个劲儿地往前跑。实在跑不动了，她们就选了一头身体壮实的羊，拽着羊尾巴，深一脚浅一脚地让羊拖着走。

到第二天天亮，暴风雪渐渐停了。"嘀——"姐妹俩循声望去，原来她们来到了白云鄂博火车站！姐妹俩大吃一惊——一天一夜竟然跑了70多里路！她们兴奋地抱着跳起来。妹妹玉荣踉跄了一下，

姐姐龙梅赶紧扶住她。龙梅低头一看，一只早已冻成冰疙瘩的脚站在雪地上，玉荣这才看到自己的毡靴不知道什么时候跑丢了一只。龙梅心疼极了，急忙脱下自己的靴子想给妹妹穿上，可靴子已经冻在脚上，怎么也拽不下来。龙梅只好撩起自己的袍子，用力撕下一角，包在妹妹的脚上。妹妹玉荣催着姐姐赶紧清点羊群。384只羊，仅有3只被冻死，其余安然无恙，姐妹俩红肿的脸上露出了笑容。幸好牧民哈斯朝禄父子及时赶到并发现了她们，父子俩叫上了铁路工人和寻找她们的公社书记，姐妹俩和羊群最终安全脱险。在风雪中搏斗了一天一夜的姐妹俩都被严重冻伤：龙梅失去了左脚拇指，玉荣右腿膝关节以下和左腿踝关节以下做了截肢手术，造成终身残疾。

　　1964年3月20日，共青团中央写信表扬龙梅、玉荣的高尚行为，同时热烈祝贺她们加入中国少年先锋队。《人民日报》以《最鲜艳的花朵》为题，报道了她们的感人事迹，她们被誉为"草原英雄小姐妹"。

【话说英模】

　　20世纪60年代，草原英雄小姐妹龙梅和玉荣为保护集体的羊群，在零下近40摄氏度的气温下与暴风雪搏斗了一昼夜。她们的故事被拍成电影，搬上了舞台，写进了小学课本，制成卡通画印在文具盒上……她们的故事，激励了千千万万的青少年，影响了几代人。

那场暴风雪，彻底改变了12岁龙梅和9岁玉荣姐妹俩的命运。由于冻伤严重，龙梅失去了左脚拇指；玉荣右腿膝关节以下和左腿踝关节以下做了截肢手术，造成终身残疾。

经过辗转治疗后，姐妹俩回到家乡。1970年，18岁的龙梅如愿穿上了军装，成为一名护理员。1974年，19岁的玉荣被保送到内蒙古师范学院（今内蒙古师范大学）读书。

一本名叫《陪读夫人》的书里有这么一段话：

身居美国的母亲为了让儿子学汉语，讲起了草原英雄小姐妹的故事，当儿子听到小姐妹为了保护公社的羊被冻成重伤时，突然发问："妈妈，她们这样做，公社会付给她们很多钱的，是吗？我们老师说，没有一样工作不该没有报酬呀！"母亲告诉儿子："对小姐妹最好的奖励是全国的小朋友都学习她们，这能用钱买到吗？"

儿子最后明白了，世界上还有一种工作是不能计算报酬的。

2005年底，《内蒙古日报》和《羊城晚报》在广州联合举办了"构建和谐社会——当代青年与社会责任感"主题座谈会，原本并不起眼的座谈会，因为龙梅和玉荣的到来，在初冬的广州掀起一阵热潮。一位东莞打工者早上5点多就起床，专门乘班车从东莞赶到广州。他原来是一位乡村电影放映员，从1977年起，他就开始在河南老家放电影，他把电影《草原英雄小姐妹》放遍了每一个村子。

珍爱生命、善待自然，是草原人民永远不忘的信念。

爱祖国、爱集体、甘于奉献，源于草原文化中人们内心深处的爱。

草原英雄小姐妹的英雄事迹正是内蒙古高原上这种优秀传统民族文化与血浓于水、守望相助的民族团结情谊的生动结合。

英雄战士 王杰

【英模简介】

王杰（1942年~1965年），山东金乡人，原济南军区某部工兵营一连班长。入伍后连续三年被评为优秀战士，两次荣立三等功。1965年7月14日，为掩护11名民兵和1名人武干部的生命安全，奋力扑向即将炸响的地雷，英勇牺牲。2009年9月，王杰被评选为"100位新中国成立以来感动中国人物"之一。2019年9月，被授予"最美奋斗者"荣誉称号。

【英模心语】

"我们要一不怕苦、二不怕死，做一个大无畏的人。"

青少年学英模 QINGSHAONIAN XUE YINGMO

【英模事迹】

王杰，1942年出生在山东省金乡县的一个普通农民家庭，1961年8月入伍，被分配到原济南军区装甲兵某部工兵营一连。入伍后，他在日记中这样写道："我们要一不怕苦、二不怕死，做一个大无畏的人。"

1963年8月，在一次抢险救灾中，上级命令王杰所在一连由木场搬运木桩至河对岸的公路。王杰跳进冰冷齐腰的河水中，踉跄地为大家探出一条安全道路，并再三叮嘱大家哪里深、哪里浅、哪里滑、哪里有沟，战友们无不被这种忘我的精神打动。眼看到了河对岸，淹没在水中的铁丝网成了连队新的障碍。王杰忍住疼痛，用双手在水下寻找出口，铁丝网的刺在他的身上留下了一道道口子。

在他的带动下，经过数小时的艰苦奋战，全连官兵圆满完成了任务，为挽救受灾群众和减少财产损失赢得了宝贵时间。

"哪里有困难，哪里最危险，哪里就有王杰。"冬训中，是他带头跳进结冰的水里打桩架桥；施工时，突然暴发的山洪卷走了物资，又是他第一个奔去抢救；爬高空、钻猫洞进行爆破，也是他担着风险抢先去装药、放炮，有时发生哑炮，仍然是他争先恐后地去排除。王杰就是用如此平凡而闪光的行动实践着他的誓言。

1965年6月，王杰随部队开赴江苏省邳县（今邳州）野营。7月初，部队领导交给他一项重要任务：帮助张楼公社民兵进行爆破技术训练。王杰怀着满腔热情，极其负责，不管下多大雨，路上多泥泞，他都坚持每天早上4点来钟就起床，从连队出发跑好几里路赶往民兵驻地。要是场院里还有积下的雨水，他就拿起扫帚打扫干净。王杰一有空就给民兵们讲雷锋的故事，跟他们一块谈心、拉家常。民兵们都亲切地称他"王教员"，有什么心里话都愿意告诉他。

7月14日拂晓，王杰和往常一样，站完岗就从井里提回一大桶水。他轻手轻脚地进屋，把班里所有的洗脸盆拿到院里，为战友们打好洗脸水、漱口水，摆好牙膏。一直忙到东方发亮，他才与三班班长陈学义一起朝张楼公社民兵训练场走去。

王杰和陈学义一到训练场，试爆作业就开始了。张楼公社民兵地雷班的11名民兵和1名人武干部围在四周，王杰一面细心地操

作，一面认真地讲解。他用铁锹把绊线固定起来后对大家说："埋设地雷一定要保证安全，防止绊线被触动。"

试爆设置停当以后，王杰又详细地进行了最后一次检查。就在这时，简易瞬发引信的拉火管突然颤动了一下，地雷马上就要爆炸。对于有经验的爆破手王杰来说，如果他立即向后一仰，有可能会保住自己的生命，但是他身旁还有12个兄弟呀！就在这千钧一发之际，王杰两臂一张，毅然扑在地雷上……王杰壮烈牺牲，他用自己的身躯保护了11名民兵和1名人武干部的生命安全，献出了年仅23岁的宝贵生命。

王杰舍己救人的英雄事迹在群众中广为传颂，他的"一不怕苦、二不怕死"的革命精神已经形成一股无形的巨大力量，激励着人们，推动着人们。

【话说英模】

今天，我们重温王杰的英雄事迹，认真思考有关生命与死亡的命题：为谁而活，怎样活着？

王杰牺牲的那天早晨，他还为战友们打好洗脸水、漱口水，摆好牙膏……由此可见，他对生活多么热爱，对战友多么关爱，对工作多么热忱，对未来多么热望。

然而，危急关头，他却义无反顾，甚至想都不想"会不会牺牲"，便毅然决然地扑上前、豁出去。

把别人活着当自己活着，把别人幸福当自己幸福——王杰就是这样的人。

"一不怕苦、二不怕死"作为"中共党史上的80句口号"之一，为什么具有震撼人心的力量？

喊出来容易，做起来难。在我们这支党领导下的人民军队的行列中，"不怕苦、不怕死"的英雄名字有长长一串，其中生命定格在23岁的王杰尤为令人震撼。

回望王杰的身影，哪里有困难，哪里最危险，哪里就有他，他在无怨无悔中彰显了什么叫"不怕苦"；回望王杰的身影，他毅然决然地双臂一张、奋力一扑，在义无反顾中彰显了什么叫"不怕死"。

王杰曾经说过："什么是理想？革命到底就是理想；什么是幸福？为人民服务就是幸福。"仰望天空，启明星之所以启明，是因为它在"光明与黑暗交替"中，始终"投身在光明的行列""期待着太阳上升"。

青少年学
英模
QINGSHAONIAN
XUE YINGMO

第二章

全军挂像英模

全心全意为人民服务的战士 张思德

【英模简介】

张思德（1915年~1944年），四川仪陇人，中国人民解放军挂像英模之一。1933年参加红军。曾担任中央军委警卫营通信班班长和毛泽东主席的内卫班战士。1944年9月5日，他在陕北安塞县执行烧炭任务时，即将被挖成的窑洞突然塌方，他为抢救战友英勇牺牲，年仅29岁。2009年9月，张思德被评选为"100位为新中国成立做出突出贡献的英雄模范人物"之一。

【英模心语】

"请领导和同志们放心，我是共产党员，为了人民的利益，就是拼出命，也要把炭烧好！"

青少年学英模
QINGSHAONIAN XUE YINGMO

【英模事迹】

全心全意为人民服务是我党我军的根本宗旨，一名普通的共产党员、一名普通的战士张思德，以自己平凡的一生实践了这一宗旨。

张思德是四川省仪陇县六合场（今思德乡）人，1915年出生于一户贫苦的农民家庭，1933年参加中国工农红军，同年加入中国共产主义青年团，1937年10月加入中国共产党。

1935年6月，红四方面军在川西懋功与中央红军会师后，张思德被编入左路军当战士。1937年春天，张思德在战斗中三次负伤，痊愈后被调至八路军荣誉军人学校学习。在此期间，张思德终于实现了梦寐以求的愿望，光荣地加入中国共产党。

1939年春，部队修建八路军大礼堂。在架大梁时，张思德临危不惧，勇敢地排除险情，避免了一次坍塌亡人事故。当时，毛泽东与朱德两位中央领导正在现场巡视，目睹这一情景后，毛泽东同志感慨地表扬道："这个战士值得我们学习！"

不久，张思德被调到中央军委警卫营任通信班班长。他工作认真负责，在带领全班完成机要通信、站岗放哨、开荒生产等各项任务中成绩优异。

1942年秋，党中央决定将中央军委警卫营和中央教导大队合并，成立中央警备团，张思德被选调到一连二排四班当战士。后来，他愉快地服从组织安排，在毛泽东内卫班执行警卫任务。

1944年，张思德积极参加大生产运动，并担任副队长。7月，他进入陕北安塞县山中烧木炭。他处处起模范带头作用，不怕苦、不怕累、不怕脏，每到出炭时都争先钻进窑中作业。9月5日，张思德与战士小白在挖掘时，炭窑突然坍塌，张思德不幸光荣牺牲。

三天后，中央直属机关在延安枣园操场举行了追悼张思德同志大会。毛泽东主席在百忙之中出席追悼会，他不仅亲笔书写了"向为人民利益而牺牲的张思德同志致敬"的挽词，而且发表了《为人民服务》的著名演讲，高度赞扬了张思德完全、彻底为人民服务的思想境界和革命精神。

【话说英模】

老百姓有句大实话"干啥就吆喝啥",这是一条朴素的真理。张思德当过勤务员、通信员、警卫员,也搞过生产,先后三次烧木炭,还经历过二万五千里长征。党叫干啥就干啥,让当班长他就当好班长,后来因为工作需要改为战士,他仍然勤勤恳恳、兢兢业业,任劳任怨,不计得失。

张思德烧炭比一般人烧得要好。

烧窑是个技术活,火要烧得均匀,压火要恰到好处。压火早了,烧出来的是"生头",劳而无功;压火迟了,木炭会变成灰烬,前功尽弃。为了掌握火候,张思德吃住在窑边,晚上起来几次爬上窑顶观察烟色,判断火候。没有照明工具,他就从山林里采来一种叫作"牛条条梗"的小灌木,放在窑里烘干,晚上用它来照明。

当地群众烧一窑木炭,一般要十天左右,而张思德则与战友们把烧炭天数缩短为七天。他们的办法是,在压火后木炭尚未完全冷却时出窑。出窑时窑内温度很高,有的木炭上还带有火星,烤得人脸皮发痛、大汗淋漓。每次出窑,张思德双手包上破布,站到窑的最里边拣木炭。要知道,那是在炎热的夏季啊!热上加热。可在他的带动下,战士们一个多月就烧了五万多斤木炭,超额完成任务。

张思德牺牲后,毛泽东主席为什么致悼词、做演讲?这是因为人民领袖、全军统帅从张思德身上,看到了一名共产党员和一

名革命战士所具备的朴素而闪光的本质，这种朴素而闪光的本质就是为人民服务。

当年，人民领袖为悼念张思德而发表著名的演讲《为人民服务》。

几十年过去了，一位老战士在拜谒他的墓地时，又写下一首词。词的最后两句格外朴实："为民服务立国纲，万代千秋别忘。"

从战争年代到和平时期，薪火相传的是精神，军队宗旨永不变：为人民服务。

舍身炸碉堡的战斗英雄 董存瑞

【英模简介】

董存瑞（1929年~1948年），河北怀来人，中国人民解放军挂像英模之一。1945年参加八路军，1947年加入中国共产党，东北人民解放军第十一纵队三十二师九十六团六连班长。1948年5月25日，在解放河北隆化的战斗中，壮烈牺牲。所在纵队追授他"战斗英雄""模范共产党员"称号，命名他所在班为"董存瑞班"。2009年9月，董存瑞被评选为"100位为新中国成立做出突出贡献的英雄模范人物"之一。

【英模心语】

"为了新中国，前进！"

【英模事迹】

"为了新中国,前进!"一声震天撼地的呐喊,成为催征的号角,加速了国民党反动派的灭亡;一阵天崩地裂的巨响,火光闪过之后,定格了英雄董存瑞永恒的瞬间,铸成了一尊世代敬仰的雕像。

1929年10月,董存瑞出生于河北省怀来县南山堡村一个贫苦农民家庭。他当过儿童团团长,13岁时曾机智地掩护区委书记躲过日军的追捕,被誉为"抗日小英雄"。1945年7月,董存瑞参加八路军。他军事技术过硬,作战机智勇敢。

在人民解放军这座大熔炉里,在革命战争的熊熊烈火中,董存瑞迅速成长为一名光荣的先锋战士。在不到三年的战斗岁月里,他先后立大功三次、小功四次，荣获三枚"勇敢奖章"、一枚"毛泽东奖章"，被提升为班长。他带领全班连续五次夺得练兵流动红旗，并且发明了"院中堡垒"爆破训练法，他们班因此被评为"练兵模范班"。

1948年5月25日，在解放隆化战斗中，董存瑞主动请战，要求完成最艰巨、最危险的爆破任务，他被大家推选为爆破组组长。

战斗打响后，董存瑞在战友们的掩护下，一鼓作气炸掉了敌人四座炮楼、五座碉堡。隆化中学的外围被打开后，在攻击部队发起冲锋时，突然遭到敌人一个隐蔽桥形暗堡的猛烈火力封锁，部队受阻于开阔地带。二班、四班接连两次对暗堡爆破均未成功。董存瑞再次挺身请战："我是共产党员，请准许我去！"他毅然抱起炸药包，匍匐着冲向敌人的暗堡。

桥形暗堡距地面超过身高，两头桥台又无法放置炸药包。危急关头，董存瑞毫不犹豫地用手托起炸药包，拉燃导火索，奋力高喊："为了新中国，前进！"暗堡被炸毁，董存瑞以自己年仅19岁的生命为部队开辟了胜利前进的道路。

1950年9月，在全国战斗英雄、劳动模范代表大会上，董存瑞被追授为"全国战斗英雄"。他的英雄事迹在全国人民中产生了很大影响。1957年5月29日，朱德为他题词："舍身为国，永垂不朽！"

【话说英模】

  随着天崩地裂的那声轰鸣巨响，年仅 19 岁的董存瑞把生命融入了大地，化为了永恒。

  此刻，距离中华人民共和国成立仅剩一年多的时间。19 岁的他，永远地站立在新中国的门槛之外。

  在今天的河北隆化北郊董存瑞陵墓下，埋葬的既非英烈遗骨，又非英烈遗物，而是一块木牌。木牌上面用朱砂写着"以此木代替烈士遗骨"。

  据那次战斗的亲历者程抟九等人回忆，董存瑞拉响炸药包后，大桥北半截被彻底炸毁，战友们只能看到一堆破碎的水泥、砖石。战后，他们徒手扒了很久，最终没能找到董存瑞的遗体，哪怕是一块零碎的骨肉、衣服残片……

  任谁，都会痛彻心扉！然而，如果让董存瑞重新选择，相信他依然会毅然决然地拉响炸药包——为了新中国，他别无选择！

  那一刻，他没有退路，没有选择。当笼罩在旧中国上空黑压压的乌云就要被凌厉的罡风驱散，当漫漫长夜的噩梦就要被黎明的曙光取代，一支为全民族求解放的武装力量踏着军号声开进的时候，却被一簇负隅顽抗的敌人的炮火挡住去路。地堡里的机枪犹如吐着芯子的毒蛇，企图把如火如荼的革命吞噬……

  此刻，董存瑞一跃而起，在战友们的掩护下，迎着暴雨般密集的子弹，挟着炸药包冲了上去。在无法安放炸药包但冲锋号又一次响起的紧急关头，他以身躯作为支架高高举起炸药包，毅然拉着了导火索！

罪恶的堡垒连同凶恶的敌人变成了废墟，他的身躯融进了大地，战友们踏着他开辟的通道前进。最终，隆化县城成了欢呼和红旗的海洋。

为什么一个普通的身躯能巍峨成一座山？为什么一个倔强的士兵能耸立成一座碑？那一声高喊就是回答："为了新中国，前进！"

当生命化作一声巨响，便成为一个闪耀着光芒的瞬间。这瞬间，成为中国革命史上一幅永恒的画面，深深地烙在人们的心中，成为让后来者景仰的路标。

舍身堵枪眼的战斗英雄

黄继光

【英模简介】

黄继光（1931年~1952年），四川中江人，中国人民解放军挂像英模之一，中国人民志愿军第十五军四十五师一三五团二营通信员。1951年3月参加中国人民志愿军。在上甘岭战役中壮烈牺牲，年仅21岁。2009年9月，黄继光被评选为"100位新中国成立以来感动中国人物"之一。2019年9月，被授予"最美奋斗者"荣誉称号。

【英模心语】

"坚决完成上级交给的一切任务，争取立功当英雄，争取入党。"

【英模事迹】

抗美援朝战争中，黄继光舍身堵枪眼的英雄壮举，激励和教育了几代人。他的英雄气概为后人所景仰，他的英雄事迹为人们所传颂。

1931年1月8日，黄继光出生于四川省中江县一个贫苦农民家庭。他当过儿童团团长和民兵，1951年3月参加中国人民志愿军，1952年7月加入中国新民主主义青年团，1952年10月在上甘岭战役中光荣牺牲，年仅21岁。

黄继光短暂而光辉的一生，经历了新旧社会两重天。他深深地懂得，中华人民共和国的诞生，是千百万革命先烈用生命和鲜血换来的，胜利果实来之不易。作为一名新中国的青年，他必须尽最大

的努力去捍卫它、保卫它。

在硝烟弥漫的抗美援朝战场上，黄继光被分配到一三五团二营六连当通信员。他严格要求自己，积极工作，很快成为一名优秀的志愿军战士。

1952年10月，黄继光被调到营部当通信员后，不久便参加了举世闻名的上甘岭战役。

在夺取597.9高地的战斗中，黄继光看到前方布满了敌人的暗堡，许多战友牺牲在敌人机枪火力点之下，部队冲锋受阻。他心急如焚，怒火满腔，主动向营参谋长请缨，带领两名战士冲了上去。

敌人火力太猛，一名战士牺牲，一名战士身负重伤，接近火力点的黄继光也弹药耗尽，多处负伤，但他仍顽强地向火力点爬去。爬到敌火力点时，他勇敢地扑上去，用胸膛死死地堵住了敌人正在喷射火舌的枪眼。突击部队乘机发起冲锋，夺取了战斗的胜利。

战后，中国人民志愿军第十五军党委追授黄继光为"模范团员"，追认他为中国共产党党员。1953年4月，中国人民志愿军为他追记特等功，追授"特级英雄"称号。同年6月，朝鲜民主主义人民共和国追授他"朝鲜民主主义人民共和国英雄"称号和金星奖章、一级国旗勋章。

【话说英模】

曾经有一段时间，网络上否定"黄继光堵枪眼"英雄事迹的谣言甚嚣尘上，混淆了人们的视听。

早在前几年，在山东省高青县木李镇三圣村，黄继光的生前战友李继德用亲身经历有力地驳斥了那些别有用心的诋毁："黄继光堵枪眼时，我在现场！"

为了向采访者介绍当时的情况，李继德用家中的几个茶碗比画着。哪里是阵地，哪里是营部，哪里是机炮连，一目了然，都在茶几上重现。"敌人的炮火相当厉害，有毒气弹、烟幕弹，我们的枪大多是'单打一'。但战士们很勇敢，下了命令没有一个往后退的。"

介绍黄继光舍身堵枪眼的那一幕，身体还算硬朗的李继德模拟着黄继光的身姿："我看见已经爬到地堡下的黄继光，猛地弓着腰起了一下子，堵上了枪眼子。"然后，李继德老人用痛苦的表情连说了七八个"哎呀"。回忆这一幕，李继德表情丰富，但嘴上词穷，只有用一遍遍的"哎呀"来表达心中的痛楚。

李继德回忆，敌人的机枪一下子哑巴了。这时冲锋号吹响了，战士们冲出掩体，一分钟左右就将地堡拿下。李继德看到黄继光的身体已经被子弹打烂，"后背血肉模糊，不成形了"。

黄继光牺牲后两天，李继德也因身负重伤回国。后来，医院给出了他"不适合部队工作"的意见。

就这样，李继德戴着身上独特的勋章——六个子弹窟窿，回到老家。

否定"黄继光堵枪眼"的谣言，让李继德怒不可遏。他拿出证件，指着身上的六个子弹窟窿，哭了："黄继光身上的窟窿比我的更多！"

伤疤，战士最美的勋章——

有些伤疤穿越战火硝烟，那是历史的见证、时代的记忆；

有些伤疤与英雄一起融入大地，那是不容亵渎的神圣。

谁胆敢诋毁英烈，无言的伤疤会说话，身上的子弹窟窿不答应！

视纪律重于生命的战斗英雄 邱少云

【英模简介】

邱少云（1926年~1952年），四川铜梁（今重庆市铜梁区）人，中国人民解放军挂像英模之一。1949年12月参加中国人民解放军，1951年参加中国人民志愿军，为第十五军二十九师八十七团三营九连战士。1952年10月在执行潜伏任务时壮烈牺牲，年仅26岁。1953年8月被追认为中共党员。2019年9月，被授予"最美奋斗者"荣誉称号。

【英模心语】

"宁愿自己牺牲，决不暴露目标，为了整体，为了胜利，为了中朝人民和全人类的解放事业，愿献出自己的一切。"

【英模事迹】

在朝鲜的391高地，高高地耸立着一座石壁，上面镌刻着一行鲜艳夺目的漆红大字："为整体、为胜利而自我牺牲的伟大战士邱少云同志永垂不朽！"

邱少云生前是中国人民志愿军第十五军二十九师八十七团三营九连战士，1952年10月12日在朝鲜391高地战斗中光荣牺牲。他用自己的一腔热血锻造了一名军人对祖国和人民的无限忠诚，成为人民军队严守纪律、勇于自我牺牲的光辉典范。

1951年3月，邱少云响应"抗美援朝，保家卫国"的号召，参加了中国人民志愿军。部队的教育锻炼，使他很快提高了政治觉悟，明白了"为人民扛枪、为人民打仗"的道理，特别是提高了遵守纪律的自觉性。

次年 10 月，邱少云所在部队奉命攻占 391 高地敌军前哨阵地。他和数百名战友潜伏在距敌人前沿仅 60 多米的草丛中，以达成对敌突然攻击的态势。不料潜伏至次日中午时分，敌军盲目发射燃烧弹，其中一发落在邱少云的潜伏点附近，草丛立即燃烧起来。

火势迅速蔓延，燃着了邱少云的棉衣、军帽、头发，炙烤着他的皮肉。在他的身后就有一条水沟，只要后退几步，顺势一滚，就可以在泥水中将火扑灭。然而，为了不暴露目标，确保全体潜伏人员的安全和攻击任务的完成，邱少云放弃自救，咬紧牙关，强忍着周身被烈火焚烧的剧痛，把身子死死地贴着地面，双手深深地插进泥土中，任凭烈焰无情地吞噬着他的肌体……

就这样，邱少云在烈火中像雕像一样纹丝不动，用生命实践了他在入党申请书中所发出的钢铁誓言："宁愿自己牺牲，决不暴露目标，为了整体，为了胜利，为了中朝人民和全人类的解放事业，愿献出自己的一切。"

战后，中国人民志愿军第十五军党委追授邱少云"模范团员"称号。1953 年，中国人民志愿军给他追记特等功，追授"一级英雄"称号。同年 6 月，朝鲜民主主义人民共和国追授他"朝鲜民主主义人民共和国英雄"称号和金星奖章、一级国旗勋章。

【话说英模】

很久以前，有一个关于荆棘鸟的传说——

它一生只歌唱一次，就连被誉为歌王的云雀和夜莺，在它的歌声面前也黯然失色。可是，这歌声却以鲜血和生命为代价。鸟儿把自己的身体扎进最长、最尖的荆棘上，便在那荒蛮的枝条之间放开了歌喉。曲终而命竭，整个世界都在静静地谛听。

荆棘鸟，告诉世人一个道理：美好的事物，往往只能用巨大的牺牲来换取……

在庆祝建军96周年之时，广大军民满怀深情地缅怀我党我军历史上那些光彩夺目的英模人物。在这耀眼的光环中，人们分明看到了一团燃烧的火焰。在这熊熊燃烧的火焰中，一个伟大的名字让人们久久为之震撼和感动——他就是邱少云，一个为了集体利益而甘愿牺牲自我的志愿军战士。

从邱少云牺牲到今天，时间过去了71载。穿过71载时空隧道，我们愈加清晰地看到——

邱少云的伟大，在于保护战友，牺牲自我；

邱少云的伟大，在于坚韧不拔，挑战自我；

邱少云的伟大，在于坚守纪律，战胜自我。

"打得一拳开，免得百拳来。"置身复杂纷纭的当今世界，我们愈加清晰地领悟到，抗美援朝就是大国崛起的前奏。

为了这前奏，许多英雄付出了鲜血和生命。据不完全统计，在整个抗美援朝战争中,与敌人同归于尽的杨根思式英雄有44名,用身体堵敌人枪眼的黄继光式烈士有6名,舍身炸毁敌人火力点的董存瑞式烈士有9名,为救朝鲜妇女儿童而牺牲的罗盛教式烈士有6名。他们的身上集中展现出为了国家和民族、为了党和人民随时准备牺牲一切的革命英雄主义精神。

邱少云,就是一只永远不死的荆棘鸟,翱翔在天幕上,用最美的歌声伴随着太阳冉冉升起。也许岁月可以流逝,也许风景可以退却,可军人的忠诚就像最初的誓言,永远不会改变。因为军人的忠诚已经融注血液里,代代相传,绵延不绝。

伟大的共产主义战士 雷锋

【英模简介】

雷锋（1940年~1962年），原名雷正兴，湖南望城人，中国人民解放军挂像英模之一。1960年入伍，同年11月加入中国共产党。1961年5月，当选为辽宁省抚顺市第四届人民代表大会代表。1962年2月19日，出席原沈阳军区首届共产主义青年团代表会议。1962年8月15日，因公牺牲，年仅22岁。2019年9月，雷锋被授予"最美奋斗者"荣誉称号。

【英模心语】

"我要把有限的生命，投入到无限的为人民服务之中去。"

【英模事迹】

《学习雷锋好榜样》这首歌气势激昂、朗朗上口，成为传唱了半个多世纪的经典歌曲，激励了一代又一代人。

1940年12月18日，雷锋出生于湖南省望城县一个贫苦农民家庭。不满7岁时，他失去了父母、兄弟等所有至亲，成为孤儿。幼年的雷锋受尽了旧社会的种种苦难，他上山砍柴时，被恶毒的地主婆用刀在手背上连砍三刀，留下了深深的伤痕，这也种下了他对万恶旧社会的仇恨。中华人民共和国成立后，在共产党和人民政府的关怀下，雷锋上了学、参加了工作，后来又光荣入伍。在他心里，党的恩情比山高、比海深，他发自肺腑地想要报答党和人民的培养。

入伍后，雷锋刻苦学习马列主义思想、毛泽东著作，努力改造

世界观和人生观，很快入了党，当了班长。入伍不到三年，雷锋就荣立二等功一次、三等功两次，被评为"节约标兵"，当选为抚顺市人民代表，原沈阳军区《前线报》专门开辟了"向雷锋学习"专栏。

一个星期天，雷锋看病回来路过一个建筑工地，那热火朝天的劳动场面一下子就把他吸引住了。这时正赶上砌砖的和运砖的开展劳动竞赛，工地上的广播员说砖供应不上，雷锋一听着急了，他几步跑到推砖场，操起一辆推车就干了起来。他推着车跑得飞快，一口气推了十几车，脸上的汗珠子直淌。大家休息了，他还照样推，工地上的人们议论着："哪里来的这么个小战士？干得可真欢！"见他不休息，大家也不休息了，整个工地上你追我赶干得更欢了。

"雷锋出差一千里，好事做了一火车。"这句大家耳熟能详的顺口溜是雷锋助人为乐的真实写照。劳累、单调的出差旅途，在雷锋眼里却是助人为乐的好机会。擦地板、收拾小桌子、给旅客倒水、帮助妇女抱孩子、给老年人找座位……凡是能看到、想到的好事，雷锋全做了个遍。

天气转暖，连队里发放夏衣，每人两套，雷锋却只要一套。他说："我身上穿的军装，缝缝补补还可以穿，我觉得现在穿一套打补丁的衣服，比我小时候穿的要好上千万倍呢！剩下的那套衣服就交给国家吧！"

对于用的东西，即使浪费了一丁点儿雷锋都觉得心疼。他钉了一个木箱子，里面螺丝帽呀、铁丝条呀、牙膏皮呀，什么都有，他把这个木箱子叫作"聚宝箱"。要是车上缺了个螺丝、坏了个零件，他都先到"聚宝箱"里找，能代用的就代用。

雷锋的生活很简朴，他从来不乱花一分钱。组织上每月发给他的津贴，他留下一角钱交团费，两角买肥皂，再用些钱买书，好扩充他的"小图书馆"，其余的钱全部存入银行。每当哪位战友家里有困难，每当听到哪个地方遭灾，雷锋都主动伸出援手，把钱寄给战友的亲人或捐献给灾区政府。他穿的袜子，补了一层又一层，最后完全改了样，还舍不得丢；他用的搪瓷脸盆、漱口杯，上面的搪瓷几乎掉光了，也舍不得买新的。

1962年8月15日，雷锋在执行任务时不幸以身殉职，年仅22岁。1963年3月，毛泽东亲笔题词：向雷锋同志学习。从此，雷锋的名字和事迹家喻户晓，中华大地向雷锋学习的活动蔚然成风。

2018年9月28日，习近平总书记在向雷锋墓敬献花篮并参观雷锋纪念馆时强调："雷锋是时代的楷模，雷锋精神是永恒的。"

【话说英模】

雷锋，一位普通士兵的名字，几代中国人的共同骄傲。

假如今天他还活着，应该是83岁的老人了，许多人都该叫他一声"雷锋爷爷"吧？

不，他是永远的"雷锋叔叔"！他永远年轻，永远22岁。

时序更迭，斗转星移。遥想老一辈革命家谢觉哉当年说的一番话，让今天的我们对雷锋有了一种更亲切的认同："雷锋同志是

平凡的，任何人都可以学到；雷锋同志是伟大的，任何人都要努力才能学到。"

雷锋曾三次梦见毛泽东主席。每一次，他都在日记中做了生动记录，表示要"好好地学习，顽强地工作"，争取早日见到毛主席。

高小毕业典礼上，雷锋是这样抒发雄心壮志的："我决心做个好农民，争取驾起拖拉机，耕耘祖国大地，建设社会主义新农村。将来，如果祖国需要，我就去做个好工人，为我国的社会主义工业化建设出把力。将来，如果祖国需要，我就参军做个好战士，用自己的鲜血和生命保卫我们伟大的祖国。"

雷锋在六年时间里先后换过七次工作，当农民、机关通信员、工人，还当上了兵。有谁能事先准确地描绘出自己的未来之路？雷锋当然不是一个预言家，然而他的人生轨迹竟然与小学毕业时的激情畅想完全吻合！

"苦心人，天不负。"偶然之中有必然，雷锋的执着与善举，帮他开辟出了脚下一条条阳光路。

新中国建设发展日新月异，个人的发展机遇也总是一个接一个不断涌现，每个人都被巨大的时代浪潮裹挟着、推动着，欢快地向前奔走着。

当年，诗人贺敬之用诗化语言激情宣告"雷锋"二字并不仅指向一个人，而是整个时代精神的姓名。

物资匮乏的时候，雷锋就是一抹拨开迷雾的精神亮光；精神贫困的时候，雷锋就是一种见证世道人心的温暖回归。

今天，实现中华民族伟大复兴的强国梦、强军梦，需要更多雷锋的出现。

中国特色社会主义新时代，也为产生更多雷锋提供了丰厚土壤。让我们大家一起撸起袖子加油干，人人争当活雷锋！

苏宁

献身国防现代化的模范干部

【英模简介】

苏宁（1953年~1991年），山西孝义人，中国人民解放军挂像英模之一。1969年2月应征入伍，1973年3月加入中国共产党。生前系解放军某部队参谋长，在组织部队进行手榴弹实弹投掷训练时，为保护战友英勇牺牲，年仅38岁。1993年2月，中央军委授予他"献身国防现代化的模范干部"荣誉称号。2009年9月，苏宁被评选为"100位新中国成立以来感动中国人物"之一。2019年9月，被授予"最美奋斗者"荣誉称号。

【英模心语】

"我们不是享受的一代，而是奋斗的一代。"

【英模事迹】

  1991年4月21日上午，驻哈尔滨某部队参谋长苏宁现场指挥建制连进行手榴弹实弹投掷训练。投弹开始后，苏宁投了第一弹，给大家做示范。随后，全团按照建制连顺序，一个连队一个连队地组织实弹投掷。

  前期训练进行得非常顺利，当轮到十二连投弹时，意外情况发生了：十二连连长向后引弹时挥臂过猛，手榴弹碰撞到堑壕后沿，掉在监护员身后一米多的地方。

  手榴弹"刺刺"地冒着烟，几秒内就会爆炸，而监护员一点儿都没有察觉到。就在这万分危险的时刻，苏宁大喊一声："快卧倒！"同时一个箭步从右侧一米多远处冲过来，一把推开监护员，伸手抓

起冒烟的手榴弹。可是就在他扔出去的一刹那，手榴弹爆炸了，一声巨响，气浪把苏宁掀出一米之外……

战友得救了，而苏宁却倒下了，大家用最快的速度把苏宁送到师部医院抢救。八天后，苏宁终因伤势过重，心脏停止了跳动。

苏宁生前常说："我们不是享受的一代，而是奋斗的一代。"为此，他给自己立下一个目标：为国防现代化建功立业，力争做一名优秀指挥员。他用自己的奋斗和生命实现了这一誓言。

每次野营拉练回来，苏宁就一直思考一个问题——冬季拉练的取暖问题。战士们拉练时都是打雪洞过夜，早上起来，他们一个个眉毛上都挂着霜，有些战士还冻坏了手脚。为了解决这个问题，苏宁设计了一款"多功能帐篷"。这款帐篷功能多，能保温，体积小，拆装又方便。经过反复研究、修改，一顶冬季用的多功能帐篷缝制成功了。经部队试验，三个人支起一顶帐篷，只需一分钟；当室外温度是零下30摄氏度时，帐篷里的温度是20摄氏度，最高时达到27摄氏度。行军时帐篷可以罩在汽车上，用的时候随时可以取下来，解决了严寒地区部队野营行军取暖的问题。苏宁研制成功的多功能帐篷，被命名为"90型多用便携帐篷"。

经过反复钻研，苏宁把计算机引入作战决策系统。经过三年的艰苦努力，他完成了"摩步师攻防计算机辅助决策系统"的设计方案，受到上级重视。当时，因为电脑刚刚兴起，整个哈尔滨市只有几家大学和科研机构才有。苏宁刻苦学习，虚心求教，他的兜里面总是揣着小纸片，有了新的灵感就及时捕捉住。他的床上、桌子上常常摆满各种书，他跑大学、跑研究所，多方学习，就连妻子写给他的书信背面也写满了计算公式。

苏宁还和哈尔滨工业大学的教授共同研制了一种激光测速系统，用激光测试炮弹的初速度。经过艰苦努力，课题组进行了三次实弹射击和五次枪代炮实验，掌握了大量第一手资料。就在这项研究快要成功的时候，哈尔滨工业大学的教授给苏宁打电话，约他商定第四次实弹射击的有关问题。而正是在那一天，苏宁为抢救战友身负重伤、生命垂危。这项实验研究后来取得成功，课题组决定用苏宁的名字命名。

【话说英模】

一直忘不了他枕了整整22年的包袱皮，那是中国士兵入伍之初都枕过的军绿色包袱皮。

他的生命在手榴弹"刺刺"冒烟直至爆炸的3.7秒，被燃烧得通红。

苏宁，年仅38岁的炮兵团参谋长，为抢救战友舍生忘死，光荣牺牲。有人说，他以纯粹的军人姿势，倒在和平时期砺兵的堑壕旁。

作为一名团级指挥官，苏宁的综合素质无可挑剔。有细节为证：9平方米的背阴斗室，被挑灯夜读的烛光映照得一如进攻前的堡垒；一摞摞书、手稿和布满演算公式的草纸，凝聚成70篇

卓尔不凡的军事论文，精绘出一幅 21 世纪的战场图……苏宁献身国防现代化的精神本质，响亮地回答了"和平年代，怎样当一名合格军人"的历史命题。

"三百六十行，唯有军人是用鲜血和生命为国家服务的。"苏宁人生的最后剪影，就这样如雕塑般地定格在军人的精神高地上。拥有此等境界的军人，才能真正担当起打赢未来战争的光荣使命！

有人说，鲜活的历史细节是英雄灵魂和思想轨迹最深刻的体现。苏宁弥留之际的八天八夜惊心而动魄——医生屏住呼吸，用剪刀小心翼翼、一层层地剪开沾满鲜血的内衣。一套破旧的 69 式绒衣、绒裤，袖口、领子都已磨破；军用尼龙袜、战士穿的绿粗布短裤，颜色正由绿变黄。由此，有人读出朴素，有人看到精武。

床榻上，二尺见方的白布折叠的小包，叠放着他随时换穿的军装。中国士兵入伍初始枕过的包袱皮，苏宁枕了整整 22 年。由此，有人想到兵之本色，有人悟出军人的"枕戈待旦"。

枕了整整 22 年的包袱皮，令人震撼！也许最好的解释是，苏宁的简朴源于强烈的忧患意识。他一直过着淡泊、廉俭的生活，目光却时刻紧盯着世界军事科学发展的前沿。

新时期英雄战士 李向群

【英模简介】

李向群（1978年~1998年），海南琼山人，中国人民解放军挂像英模之一。1996年12月入伍，原广州军区某集团军塔山守备英雄团九连一班战士。1998年8月，他随部队赴湖北荆州抗洪抢险，在抗洪抢险一线光荣加入中国共产党。在公安县南平镇堤段的抗洪保卫战中，因劳累过度，抢救无效，壮烈牺牲，年仅20岁。1999年3月，中央军委授予他"新时期英雄战士"荣誉称号。2019年9月，被授予"最美奋斗者"荣誉称号。

【英模心语】

"怕苦不成人，怕累不是汉，怕死不当兵。"

【英模事迹】

　　1998年夏天，中国江南、华南大部分地区普降大暴雨到特大暴雨，多地发生历史上罕见的特大洪涝灾害。

　　正在海南琼山探亲休假的塔山守备英雄团九连一班战士李向群坐立不安，他意识到部队很有可能要去参加抗洪抢险。他对父母说："国家养兵千日，现在正是派上用场的时候，我怎么能袖手旁观呢！"刚刚休假八天的李向群毅然提前返回部队。

　　8月5日，湖北荆江告急，李向群所在部队奉命赶赴湖北灾区。经过30多个小时的长途跋涉，部队到达指定位置。随即，李向群便向组织递交了入党申请书，要求参加党员突击队。大堤上，别人一次扛一个沙包，李向群一次扛两个，排长郭秀磊劝他："向群，悠着点儿劲，干得太猛，明天怎么办？"李向群笑着说："排长，没关系，我年轻，有的是力气！"他一共扛了50多趟，是全营扛包最多的。

13日，荆州太坪口幸福闸出现管涌，江面弯多流急，漩涡不断。李向群一个猛子扎入水中，检查漏洞。下沉时，他的左脚被闸门划开了一道4厘米长的口子，血流不止。他强忍疼痛，找准漏水的位置，上堤后又投入到封堵管涌的战斗中。

16日，长江第六次洪峰到达荆江，沙市水位达45.22米，创历史最高纪录。李向群和战友们来不及吃晚饭，便火速赶到南平大堤投入抢险。这时，有的堤段河水已漫过大堤。次日凌晨4点，九连作业区正南侧约300米处突然发生10多米长的内滑坡，情况紧急，李向群大喊一声："不好！快上！"便带头跳入水中，九连官兵手拉手筑起两道人墙护住大堤。

与洪水搏斗了一夜的李向群突然感到头晕发热，卫生员给他一测体温，发烧高达40摄氏度，必须输液治疗。19日14时许，公安县南平镇天兴堤发现管涌，正在输液的李向群听到紧急集合的哨音后，拔掉针管，奔到大堤。然而，在扛了几十包沙袋后，他脚步踉跄，脸色发青。指导员用手一摸他的额头，发热烫手，就对排长说："把他送卫生队！"李向群不肯走，分辩说："怕苦不成人，怕累不是汉，怕死不当兵。这点小病不算什么！"指导员说："你带病坚持抢险，精神可嘉，但这种做法不可取。"李向群死活不下堤，

一直带病坚持战斗，直到晕倒在大堤上。

21日8时许，南平镇中刽段出现内滑坡，随时都有溃堤的危险。听到紧急集合的哨音，在卫生队的李向群又一骨碌从病床上爬起来，趁指导员不注意，继续加入抗洪队伍。10时左右，李向群再次晕倒，村民把他扶到阴凉处。醒来后，李向群继续坚持战斗。在扛了20多包沙袋后，他终因极度虚弱疲劳，一头栽倒在大堤上，口吐鲜血，昏了过去。

在生命垂危之际，李向群用微弱的声音对营教导员王战飞说："晚上还有没有任务？一定要让我去……"当天下午，李向群被紧急送到武汉抢救。极度劳累的李向群心力衰竭，肺部大面积出血，经抢救无效，于22日10时10分永远闭上了眼睛，他的生命永远定格在了20岁。

【话说英模】

日月轮转，时过境迁，人们至今仍忘不了1998年长江暴涨的滔滔洪水，忘不了橘红色救生衣下的民族脊梁，忘不了绿色队伍中那个把挚爱和忠诚演绎到极限的抗洪勇士——"新时期的英雄战士"李向群。

近几年，人们对"富二代"诟病甚多。这些诟病并非空穴来风，而是与"富二代"的群体表现有着密切关联。有人说，"富二代"不缺钱，缺的是教养；有人说，"富二代"不缺培训，缺的是磨炼；有人说，"富二代"不缺见识，缺的是魄力；等等。诸如此类，不一而足。我们该如何正确看待社会上对"富二代"的评价呢？

逆境是一笔不可多得的财富。从一定意义上讲，吃苦就是"吃补"。

李向群带给人们的一个重要启示在于，人生学会吃苦，才会创造价值，而价值不是看一个人拥有多少，而是看他给这个世界留下多少。李向群留在这个世界上的，除了有形的抗洪成果外，还有一笔宝贵的精神财富。

纵观李向群的成长历程，他每吃一次苦，就相当于进了一次补；他每蓄一分力，就如同夯实了一层地基。正因为如此，他以短暂的20岁生命、20个月军龄、17天抗洪战斗和8天党龄，实现了从好学生到好公民，从特区"小老板"到部队好战士，从优秀士兵到共产党员，从突击队员到抗洪英雄的大跨越。李向群的与众不同在于，他不只是做好了组织告诉他要做的事，也做好了人民群众需要他做的事。

李向群的成长经历还告诉我们：把吃苦视作一种修行，用心品味"苦"，用身体验"苦"，才能够品出苦之渊源，让苦根结出甜果。最终，在勇于吃苦、乐于吃苦中品出甘甜、品出境界。

倘若重新审视李向群这个早期"富二代"，则不难发现，他的身上最为可贵的一点是，想到就要做到。在吃苦中"吃补"，把李向群锻造成一个善于行动的人，用行动改变世界，也用行动改变自己。

忠诚履行使命的模范指挥员 杨业功

【英模简介】

杨业功（1945年~2004年），湖北应城人，中国人民解放军挂像英模之一，原第二炮兵某基地司令员。1963年8月入伍，1966年2月加入中国共产党，历任战士、排长、参谋、作训处处长、旅长和基地副参谋长、副司令员、司令员等职。2005年12月，中央军委追授他"忠诚履行使命的模范指挥员"荣誉称号。2006年，被追授"全国优秀共产党员"称号。

【英模心语】

"天下虽安，忘战必危，军人不思打仗就是失职！"

【英模事迹】

原第二炮兵是中国人民解放军军兵种中较为年轻的一支部队，新型导弹部队又是原第二炮兵中的一支新生力量。杨业功和他的战友们，则是打造这支精锐之师的重要功臣。

杨业功生前是原第二炮兵某基地司令员，他是在积极推进中国特色军事变革和军事斗争准备中成长起来的新型指挥员的杰出代表。他参与筹建了解放军第一支常规导弹旅，克服重重困难，成功地组织了第一枚新型导弹的发射，并参加了多次重大军事演习。

"天下虽安，忘战必危，军人不思打仗就是失职！"杨业功把履行军队使命、维护国家安全统一看得比自己的生命还重要。他被检查出十二指肠腺瘤癌后，躺在病床上依然牵挂着军事斗争

准备、惦记着部队建设。在生命的最后一段时间里，杨业功在递交给党组织的述职报告中，还深刻检讨自己有哪些工作没有干完、哪些工作没有干好。

学习是杨业功的第一需要。他广泛涉猎信息、航天、生物、指挥自动化等多方面的知识，掌握了新型导弹指挥、控制等六大专业科目。他认为，一名现代军事指挥员，只有经常对自己的脑袋进行"升级换代"，才能始终保持思维敏捷，才有可能在未来战争中立于不败之地。杨业功在人生最后两年多的时间里，以惊人的毅力学完了研究生的全部课程，并在病床上完成了毕业论文。

杨业功工作扎实深入。当上旅长后，他每年下部队都在100天以上，很少坐在会议室里听汇报、要情况；担任基地司令员期间，他走遍了所有基层单位、作战阵地和发射点位，对许多营连的技术骨干、主要操作号手都能叫出名字。

杨业功是全军廉洁自律的楷模。他几十年如一日，恪守为政清廉的准则。他生活俭朴，家里没有一件像样的家具，一生没有穿过一件像样的便装，下部队必带的"三件宝"是暖瓶、大衣和方便面。他对自己要求苛刻，对战士却分外关爱，到部队总要亲手摸摸战士的被褥是否暖和，过年总要到阵地上跟战士们一起包饺子、吃年夜饭。

2004年7月，杨业功因积劳成疾病逝，终年59岁。

【话说英模】

当年,杨业功的事迹深深感动了国人,感动了中国。

实事求是地讲,感动更容易发生在"同质"的人群中,但杨业功"使命高于生命"的境界,让所有看过、听过、读过他事迹的人,无不产生强烈的共鸣。这一现象看似意料之外,却在情理之中,我们只要把它放到历史的坐标和现实的背景中,就不难理解。

中国军人对使命的忠心尽心,换来了党和人民的放心安心。杨业功视使命为天职,他说:"打不赢未来战争,就无法向党和人民交代。""宁可身体透支,决不拖欠使命职责账。"

谁能想到,57岁"高龄"了,杨业功还攻读了硕士研究生,并在病床上完成了硕士毕业论文。在他看来,只要使命在身,就必须学习不止,不能因个人进步受限而放松,更不能因个人提拔受阻而放弃。杨业功曾说过一句发人深省的话:"作为一名军人,最大的遗憾是没有打过仗,最大的幸福是国家处在一个太平盛世。"

"21世纪是没有英雄的世纪"——有人曾经这样预言;"价值观多元化,信仰发生了危机"——有人曾经这样叹息。杨业功,改变了许多人的看法。越来越多的人开始相信,一个崇敬英雄的理性追求,显示出当今时代的主流——英雄,永远是一个民族的旗帜;崇敬英雄,民族信仰之树常青!

军营如炉，锻造着军人的勇敢与忠诚；军营如诗，抒发着军人的豪情与悲壮。杨业功个子并不高大，可凡是走近他的人，无不觉得他的身上有一种令人振奋的力量。当他带着一颗安装了起搏器的心脏，跋涉在中国南方的崇山峻岭，巡视着一个个阵地时；当他冒着塞北高原零下 20 多摄氏度的严寒，脱去身上的大衣，以病弱之躯笔直地站在部队面前讲评时，你会深深地领略到军人的激情。

杨业功的事迹感动中国，足以说明：英雄，依然是我们这支军队的本色；使命，依然是我们这支军队的根本；崇高，依然是我们这支军队的追求。

林俊德

献身国防科技事业杰出科学家

【英模简介】

林俊德（1938年~2012年），福建永春人，中国人民解放军挂像英模之一，中国爆炸力学与核试验工程领域著名专家、原总装备部某试验训练基地研究员。1960年毕业于浙江大学机械系，1993年晋升为少将军衔，2001年当选为中国工程院院士。2013年1月，中央军委追授他"献身国防科技事业杰出科学家"荣誉称号。2019年9月，被授予"最美奋斗者"荣誉称号。

【英模心语】

"我是搞核试验的，一不怕苦，二不怕死，现在最需要的是时间。"

【英模事迹】

林俊德入伍52年，参加了我国全部核试验任务，为国防科技和武器装备发展倾尽心血。在癌症晚期，他仍以超常意志工作到生命的最后一刻。

1938年，林俊德出生于福建，由于家庭贫困，他中学和大学都是靠政府助学金完成学业的。大学毕业后，他被分配从事核试验研究。

核爆炸具有极大破坏性，测量仪器研制一直存在很大难度。林俊德根据当时的实际情况，独立创新制作了钟表式压力自记仪，为测量核爆炸冲击波参数提供了完整可靠的数据。在之后40多年的科研工作中，他先后获得30多项科技成果。

2012年5月4日，林俊德被确诊为胆管癌晚期。为了不影响工作，他拒绝手术和化疗。5月26日，因病情突然恶化，他被送进重症监护室。醒来后，他强烈要求转回普通病房，他说："我是搞核试验的，一不怕苦，二不怕死，现在最需要的是时间。"

林俊德在住院期间，陆续做了几件事：整理移交了一生积累的全部科研试验技术资料；三次打电话到实验室指导科研工作，两次在病房召集课题组成员布置后续实验任务；完成了130多页、8万多字博士论文的修改，在剧痛中写下338字的6条评阅意见；与基地领导几次探讨基地爆炸力学技术的发展路线；向学生交接了两项某重大国防科研尖端项目。

5月31日上午，已极度虚弱的林俊德先后9次向家人和医护人员提出要下床工作。于是，病房中出现了震撼人心的一幕：病危的林俊德，在众人搀抬下，向数步之外的办公桌，开始了一生中最艰难也是最后的冲锋……

那时林俊德已腹胀如鼓，严重缺氧，呼吸和心跳达到平常的两倍，他微笑着对护士们说："不用担心，我工作起来感觉不到疼。"那一刻，护士们都哭了。两个小时后，已近昏迷的林俊德被抬到病床上。5个小时后，心电仪上波动的生命曲线从屏幕上永远地消失了。这位军人，完成了生命中最后的冲锋。

林俊德曾专门准备了一个小本子，记录需要处理的事情。他去世后，其他10项事情都一一安排好了，唯独"家人留言"这一项

还是空白。

临终前,林俊德交代:"我的后事一切从简,不向组织提出任何要求,死后将我埋在马兰。"马兰,一种在"死亡之海"罗布泊大漠中仍能扎根绽放的野花,坐落在罗布泊戈壁滩上的中国核试验基地,就是以这种野花来命名的。

【话说英模】

中国因为有了自己的核武器,所以在世界上挺直了脊梁,不会再受到西方国家的核讹诈和军事威胁。中国的"拳头"硬了,我们也有了自己的底气。

这一切都归功于为国奉献的人。林俊德,便是其中一个。

在林俊德生命的最后时刻,老伴黄建琴对他说:"这是我第一次这么长时间握着你的手,40多年来,只有这一刻你才真正属于我。"

林俊德对老伴说,死后把他葬到马兰—那是他奋斗了一辈子的地方,那里有太多他的欢乐、泪水和汗水,葬到马兰就当自己一直在马兰工作,他要永远守护那里。

林俊德这一生一直为自己是一名核试验科技工作者而自豪,这是他坚守了一辈子的信念。

对丈夫什么都答应的黄建琴,唯独这一条"爽约"了!

黄建琴把林俊德的骨灰放在家里一年,之后才送至马兰。她淡淡地说了一句话:"因为老林没住过这样的房子。"

林俊德几十年来都生活在部队的老房子中,毫无怨言。他逝世之后，党组织给了黄建琴一套房子和十万元慰问金。黄建琴将这十万元上交，作为林俊德最后的党费。

新房子里的骨灰，几多慰藉，几多思念。

新房子里的骨灰，令人心酸，让人震撼。

古人云，"贫贱夫妻百事哀"，而在我们中华大地，个人家庭"百事哀"的还有"核夫妇们"——那些夫妻共同从事核试验工作的科技工作者。就像林俊德与夫人黄建琴一样，他们用个人家庭的"百事哀"，换来了中国核武器的"拳头硬"。

当年，张爱萍将军从抗美援朝战场回国后，担任中国人民解放军副总参谋长，主持核试验工作。他看到核试验基地遍地马兰花，便为它起了一个极富诗意的地名——马兰。为我国核试验默默奉献一生的科研人员，就像那在荒漠中盛开的马兰花，虽然生活艰苦，但仍向上生长，努力绽放自己。"林俊德"们以组织为令，以荒漠为家，以献身祖国为最高荣耀，这就是马兰精神。

逐梦海天的强军先锋 张超

【英模简介】

张超（1986年~2016年），湖南岳阳人，中国人民解放军挂像英模之一。2004年9月入伍，2009年5月加入中国共产党，生前系海军某舰载航空兵部队正营职中队长，一级飞行员，海军少校军衔。2016年4月27日，张超在驾驶舰载战斗机进行陆基模拟着舰接地时，为保护战机壮烈牺牲。2016年11月，张超被追授为"逐梦海天的强军先锋"。2019年9月，被授予"最美奋斗者"荣誉称号。

【英模心语】

"人民海军要想飞向远海大洋，就要有一群不畏风雨的雄鹰，哪怕是付出生命的代价，也要振翅高飞！"

【英模事迹】

"文能提笔安天下，武能跨马定乾坤！"这是海军某舰载航空兵部队一级飞行员张超贴在宿舍门上的一句话。

航母舰载机飞行作为中国海军走向深蓝的重要一步，其未知性、风险性，会令一些人望而却步；而其开拓性、挑战性，也会让另外一些人怦然心动。张超当然属于后者。作为海军破例选拔、超常规培养的舰载战斗机飞行员，从他入列第一天起，就被打上了"完美主义者"的标签。

为了尽快掌握舰载飞行规律，熟练并适应和以往"正区操纵"完全相反的"反区操纵"技术，张超经常利用休息时间给自己加课。就连躺在床上，室友们也常听到他在念叨："对中、看灯、保角……"

短短半年时间，张超的模拟器飞行时间多达数百个小时，遥遥领先于同班次战友。他心细如发，战机座舱内上百个飞行仪表和电门，他总是"一摸准""一口清"。每次飞行，几百个操纵动作和程序他记得丝毫不差，近百个空中特情处置方案倒背如流。每飞完一个架次，张超都会聚精会神地聆听教员讲解，生怕错过一句话；每个飞行日讲评，他总是第一个请舰载机指挥员分析自己动作的偏差，不搞懂弄通决不罢休。

双机纵队筋斗是某型战机特技飞行的高难动作，两机高度差不到 10 米，纵队向上翻转时，对飞行员的技术水平、心理素质，以及操纵精准度有着很高的要求，稍有差池就可能酿成重大事故。在飞这个高风险的动作时，张超主动请战，和长机协同完成了一个无可挑剔的双机纵队筋斗特技。

距离驾驶"飞鲨"上舰的梦想越来越近，张超浑身仿佛有使不完的劲儿。2015 年 12 月，上级要求他们这批飞行员不仅要尽快完成上舰目标，而且要尽快完成实际使用武器训练，成为舰载机飞行员中的战斗员。

任务迫在眉睫，张超主动请缨，担起了编写某型舰载战斗机实际使用武器教学法的重任。在紧张的飞行训练之余，他把全部精力都用在整理经验、收集资料、编写教范上，只用了 20 多天就整理出视频资料 200 余份、心得体会 2 万余字，大大丰富了舰载机飞行的"资料库"。

2016年4月27日，连续完成两架次海上30米超低空飞行后的张超，驾驶歼-15执行当天最后一个架次的飞行任务。当他近乎完美地操纵飞机精准着陆后，已经接地的飞机突发电传故障——这是歼-15最高等级故障，一旦发生意味着战机将失去控制。随即机头急剧大幅上仰，飞机瞬间离地数十米。在机头超过80度仰角的下坠过程中，张超的第一反应竟是把操纵杆推到头，尽最大努力保住战机，却错过了最佳跳伞时机。被迫跳伞后他坠地受重伤，经抢救无效，壮烈牺牲。

雄鹰折翅，令人扼腕痛惜。从张超跳伞负伤到牺牲，时任团长的张叶一直陪在他身边，张叶清楚地记得他说的最后一句话："团长，我是不是要死了，再也飞不了了……"

只言片语，流露出张超对飞行事业的无限眷恋；生死一瞬，见证了他是"逐梦海天的强军先锋"、当之无愧的"飞鲨"勇士！

【话说英模】

"张超本平凡，他是因为投入一项伟大的事业中而变得伟大，用自己年轻的生命在海天之间飞出了一道永恒的航迹。"在人民英雄张超烈士牺牲五周年之际，他的妻子张亚撰文《爱，在海天之间》悼念爱人。

张超的家庭曾屡屡遭遇不幸。他的三个哥哥相继夭折，其中两个哥哥是溺水而亡。小时候，父母根本不允许他靠近水边，弄湿了裤脚都要挨一顿打。但没想到从小"忌水"的他，偏偏选择

了海军，最终在海军的行列中献出了宝贵的生命。

他是蓝天的骄子。张超飞过八型战机，数十次带弹紧急起飞驱离外军飞机，是首批驾驶国产战机飞临西沙的飞行员之一。极具飞行天赋的张超并不是超人，只是付出了比旁人更多的努力。

"上天能开机，下海能操舰"是张超的梦想。为了这个梦想，张亚从来没有阻拦过丈夫加入海军舰载机部队，尽管那时他们的女儿还不到1周岁，尽管她知道飞舰载机的危险系数是普通飞行的20倍。

令人万分心痛、万分遗憾的是，张超最终倒在了离梦想咫尺之遥的地方——只剩下最后7个飞行架次，他就能飞上航母辽宁舰。

4.4秒，生死一瞬。张超选择奋力推杆挽救战机，放弃了第一时间跳伞，放弃了生的希望。

不懂他的人认为他傻，说生命价值远高于战机。

懂他的人都知道，航母和舰载机是承载着祖国安全的利器，犹如伴他出生入死的兄弟。挽救战机、保留数据，才能避免同样的险情在战友们的身上发生。

在巨大撞击中，张超的内脏严重受损。医生说，那么重的伤，能坚持到医院已是奇迹。他临终前对团长说的那句话，刺痛了多少人啊！

张超走得如此突然，给战友留下无尽伤痛，给亲人留下无尽伤痛。

2016年8月23日，张超的战友带着他的照片登上航母，驾机在辽宁舰起降，替他实现未了的心愿。

爱，在海天之间。那一刻，张超若是九泉之下有知，当是欣慰地笑了。

第三章

青少年学英模

时代英模

永葆本色的"老阿姨" 龚全珍

【英模简介】

龚全珍（1923年~2023年），山东烟台人，中共党员，西北大学教育系毕业，开国将军甘祖昌夫人。曾任江西省萍乡市莲花县甘家小学校长。2014年2月，获"感动中国2013年度人物"；同年10月，被授予"全国优秀共产党员"称号。2019年7月，被表彰为"全国模范退役军人"；9月，被授予"最美奋斗者"荣誉称号。

【英模心语】

"干自己的事，走自己的路，只要是对党和人民有益，就应当全力以赴并且永远不后悔地向前走。"

【英模事迹】

2023年9月2日16时16分，被习近平总书记亲切地称为"老阿姨"的龚全珍，因病医治无效，溘然长逝，享年100岁。

1957年，因战争重伤留下了后遗症，时任新疆军区后勤部部长的甘祖昌难以坚持领导工作，经多次主动申请，终于得到组织的批准"解甲归田"，携家人回乡务农。时为新疆军区子弟学校教师的龚全珍，随同丈夫离开了乌鲁木齐，回到甘祖昌的故乡江西省莲花县坊楼镇沿背村定居。这一年，龚全珍34岁。

在甘祖昌回到家乡的29年时间里，他拿出自己80%的工资，为家乡开垦荒山、改良土壤、修水利、建电站、建校舍，人称"将军农民"。龚全珍曾说，丈夫对她影响至深。"活着就要为党和人

民做事情，做不了大事就做小事，干不了复杂重要的工作就做简单的工作，决不能无功受禄，决不能不劳而获。"龚全珍始终铭记丈夫的话，数十载默默奉献，在倾力执教农村中小学的同时，也曾赤脚下田、荷锄上山。即便年老离休，她仍在奔忙，发挥余热，捐资助学、扶贫济困、向青少年开展革命传统教育和爱国主义教育。

1992年，龚全珍离休后，住进了莲花县幸福院。在那里，责任心促使她将常来院里玩耍的10余名学生组织成一个课外学习小组，买来书籍、资料，辅导孩子们学习。这个学习小组一直坚持到1997年她搬离幸福院。

2003年，龚全珍加入莲花县县镇两级老干部宣讲团。很快，她就成为团里最活跃的一名成员，经常进学校、入企业、下基层，做爱国主义教育报告，每场都好评如潮。

2011年11月，龚全珍和社区的同志们一起创办了"龚全珍工作室"，把它建成了党员干部服务群众的新平台。

数十年如一日，龚全珍扎根山乡，与村民休戚与共，服务基层群众，竭尽所能。"干自己的事，走自己的路，只要是对党和人民有益，就应当全力以赴并且永远不后悔地向前走。"这段曾在日记中写下的话，她践行了一生。

2019年4月，患有最重度"5级核"白内障的龚全珍接受了眼科手术，并重获光明。她怀着无比激动和感恩的心情给习近平总书记写了一封书信："在您，在江西省、浙江省、萍乡市各级组织的关爱下，著名的姚玉峰教授从杭州到萍乡市人民医院，为我成功实施了高难度的白内障手术。现在，我又看得见了，又能看书啦！"这封书信通过《光明日报》呈送中央。习近平总书记接到信件当日，就马上做出了重要指示。

龚全珍写下的那句"总书记，我又能看书啦"，蕴藏着多少感激、多少信任；而总书记第一时间批转，饱含着多少牵挂、多少关怀！龚全珍说："我只是做了点微不足道的工作，大家这么关心我、爱护我，我真是当不起。"

"少年时寻见光，青年时遇见爱，暮年到来的时候，你的心依然辽阔。一生追随革命、爱情、信仰，辗转于战场、田野、课堂，人民的敬意，是您一生最美的勋章。"这是《感动中国》组委会给龚全珍的颁奖词，也是她人生的真实写照。

【话说英模】

2023年9月初，许多来自天南地北的群众赶到江西省莲花县，吊唁他们心中的"老阿姨"龚全珍。在络绎不绝的悼念人群里，一个平均年龄超过80岁的"学生团"格外引人注目。

这些白发苍苍的老人，是龚老的第一批学生。来自济南的武越阿姨泪流满面地说："我们早已不是普通的师生关系，她是我们的妈妈，一定要来送她最后一程。"姜捷阿姨说："她走了，我们就像自己失去了父母，没有了家的感觉。"

在悼念厅现场，还有一个感人至深的场面——来自烟台的父

老乡亲带着家乡的海水、海沙、苹果，千里迢迢赶到莲花县送"老阿姨"最后一程，他们带来了龚老家乡百姓对她的敬仰与怀念。

作为一名优秀共产党员，作为"最美奋斗者"，龚全珍坚守平凡岗位、心系人民群众，扎根农村、任教一生，艰苦奋斗、淡泊名利，实实在在地履行好了一名共产党人的使命职责。

1957年，龚全珍与丈夫甘祖昌从新疆回到江西省莲花县，在这里当一名乡村教师。几十年如一日，龚全珍兢兢业业、教书育人。她吃住在学校里，在吃穿用度上帮助学生们。她不仅是一届又一届学生眼里的老师，更是一位慈心善爱的"妈妈"。退休后，她扶贫济困、捐资助学，还开办"龚全珍工作室"服务群众。"风雨百年仁爱人间撒，园丁一世芳名大地传。"多年以后，龚老的恩德依然深深烙印在学子们的心中。

"金杯银杯，不如百姓的口碑。"无论是耄耋老人组成的"学生团"，还是父老乡亲捧来的海水、海沙，都折射出龚全珍这位优秀共产党员在人民群众中的口碑。对于共产党人来说，以人民为中心树牢正确政绩观的核心、坚持为民造福就是最大的政绩。

龚全珍这位习近平总书记眼里的"老阿姨"，是广大党员干部校正政绩观的一面镜子。党员干部应站在群众立场，切身体会群众所思所想，解决好群众所愁所盼，真正做到暖民心、顺民意。作为当代青少年，也应弘扬好"老阿姨"的实干精神和艰苦奋斗的作风，不慕虚荣、不务虚功、不图虚名。

深藏功名的老英雄

张富清

【英模简介】

张富清（1924年~2022年），陕西洋县人，中共党员，原西北野战军三五九旅战士，中国建设银行湖北省来凤支行离休干部。先后荣立一等功三次、二等功一次，两次获得"战斗英雄"荣誉称号。2019年6月，张富清被授予"时代楷模""全国优秀共产党员"称号。2019年7月，被表彰为"全国模范退役军人"。2019年9月，被授予"共和国勋章"和"最美奋斗者"荣誉称号。

【英模心语】

"我是一名党员，党需要我干什么，我就干什么，战场上死都不怕，苦点怕什么？"

【英模事迹】

张富清，1924年12月出生于陕西省汉中市洋县马畅镇双庙村的一个贫苦农民家庭，父亲早逝，大哥夭折，母亲带着他们兄妹三人艰难度日。1948年3月，张富清参加中国人民解放军。

1948年6月至9月，张富清参加壶梯山战役，攻下敌人碉堡一座、打死敌人两名、缴获机枪一挺，并巩固阵地；在东马村消灭外围守敌，占领敌人一座碉堡，为后续部队打开缺口；在临皋执行搜索任务，发现敌人后即刻占领外围制高点，压制敌人火力，完成了截击敌人的任务。

1948年冬，国民党胡宗南将他的部队调至陕西合阳以南，伺机反扑。一天拂晓，张富清和两名战友组成突击组，率先攀上永丰城墙。张富清第一个跳下城墙，冲进敌群，展开近身混战。此次战斗，张富清炸毁敌人两座碉堡，缴获两挺机枪。张富清在战斗中死里逃生，而突击组的另外两名战友牺牲了。后来，张富清一直跟随部队南征北战。

1953年，全军抽调有作战经验的连职及以上军官参加抗美援朝，已在新疆喀什安定下来的张富清主动请缨，和战友们马不停蹄地赶赴北京。他们才到北京，《朝鲜停战协定》签订，这批战斗骨干就被送去学习文化知识。

有人问："刚从战场下来，九死一生，过了几天安稳日子，为什么又争着返回战场？"张富清的回答是："我们是人民的军队，眼看着别人要打到中国来了，我们如果不出头，人民就没好日子过了嘛！"

张富清第一次选择为人民而战，是在1948年3月。这之前，张富清被国民党军队抓去充当了两年多的杂役。在瓦子街战役中，被"解放"的他没有领遣散费，而是主动要求加入解放军。

入伍四个多月，作战英勇的张富清选择坚定地跟党走：加入中国共产党。

1955年，张富清面临退役转业，他有多种选择：留在大城市，海阔天空；回陕西老家，可以方便赡养老母。当组织找他谈话时，他当即决定响应党的号召，去鄂西山区最偏远、最困难的来凤县。这是他人生中的第三次重要选择。

张富清说："我是一名党员，党需要我干什么，我就干什么，

战场上死都不怕，苦点怕什么？""党的干部，哪里需要就去哪里。"

张富清的妻子孙玉兰原以为丈夫到了来凤，为当地贫穷面貌的改善做点贡献，就能回到大城市或者老家。却未曾想，这一去便是一辈子。

1965 年，张富清从来凤县原三胡区调往原卯洞公社。当时来凤县有"穷三胡富卯洞"的说法，三胡区的老百姓常常要吃救济粮，而卯洞公社因为有码头、船厂、林场等社办企业，条件相对较好。

本以为生活会有所改善的孙玉兰，却没想到丈夫又一次做出了"一名共产党员的选择"，他主动要求分管条件最苦的高洞片区，扛着铺盖卷上了山。

为党分忧，为人民谋幸福，是任何时代的共产党员都应有的选择。张富清坚定地认为，在人生的诸多岔路口，他选择了最应该走的那条路——跟着党走。

【话说英模】

"都知道你朴实勤勉，却不知你曾战功赫赫。你把奖章深藏在箱底，对战友的怀念深藏心底。从不居功索取，只为坚守使命初心，默默奉献。于国于民，你是忠诚伟大的士兵。"这是张富清荣膺 2019 年度感动中国人物时的颁奖词。

绚烂然后归于平淡，所有的荣誉和称呼，张富清最看重的也许只有一个：党的干部。

会做群众工作，是党的干部的看家本领。做群众工作，既需要"点盏灯",有时候也需要"跳火坑"。所谓"跳火坑",就是在任何情况下,都要多理解群众,不埋怨群众,在关怀群众中增进感情,以身示范引领群众干。而这样做的目的,就是带领群众把思路打开、把事情办成,也是为群众"点盏灯"。

当年,延安文安驿公社梁家河大队办沼气池,以解决当地缺煤缺柴不通电的问题。老百姓根本不相信,说沼气怎么可能用来做饭,还能点灯?担任大队书记的插队知青没有过多解释,而是从四川学办沼气回来后,带头干了起来。大家前后忙了20多天,整个陕西第一个沼气池终于办成了。群众自然信了,也跟着干了。

这就说明了"点盏灯"与"跳火坑"的辩证关系:相信和依靠群众,又不做群众的尾巴;教育和引导群众,千万不能站到群众的对立面。

深藏功名的张富清,为什么能够做到"党的干部,哪里需要就到哪里去"?归根结底就在于,他既会给群众"点盏灯",又敢跟着群众"跳火坑"。

敢不敢跟着群众"跳火坑",是一块试金石;能不能给群众"点盏灯",也是一块试金石。敢"跳火坑",需要不畏艰险的勇气、化险为夷的智慧、自我牺牲的境界;能"点盏灯",呼唤高人一筹的见识、服务大众的无私、指引方向的气魄。两者完美统一在不掺杂任何杂质的为民情怀上。

这两点,张富清都做到了。他真的就像李白诗歌中的侠客——事了拂衣去,深藏身与名。

草鞋书记 杨善洲

【英模简介】

杨善洲（1927年~2010年），云南施甸人，中共党员。1951年5月参加工作，1952年11月加入中国共产党，曾任云南省保山地委书记。1988年3月退休以后，他扎根大亮山，义务植树造林。曾获得"全国绿化十大标兵""全国绿化奖章"等众多荣誉。2018年12月，杨善洲被授予"改革先锋"称号，颁授"改革先锋"奖章。2019年9月，被授予"最美奋斗者"荣誉称号。

【英模心语】

"共产党人什么困难也不怕，就怕脱离群众、失掉民心。"

青少年学英模
QINGSHAONIAN XUE YINGMO

【英模事迹】

"只要生命不结束，服务人民不停止。"这是杨善洲生前说过的一句话，也是他一生的写照。杨善洲退休后回到家乡云南施甸植树造林，在曾经山秃水枯的大亮山筑起一片绿洲。

杨善洲一辈子爱和群众一起劳动，下乡时常把锄头带在身边，还喜欢戴草帽、穿草鞋，被当地群众亲切地称为"草鞋书记"。

1985年，昌宁县金华乡遭受严重水灾，时任保山地委书记的杨善洲立即提议暂停在建的地委办公大楼，把资金用来救灾。杨善洲说："眼看着人民群众受苦，我们却悠闲地坐在富丽堂皇的大楼里，觉得有愧！"

在职期间，杨善洲坚定不移地贯彻执行党的路线、方针、政策，

带领干部群众发展粮食生产、推广科学种田、兴修水利设施，把深山大沟建成全国闻名的"滇西粮仓"。

1988年，61岁的杨善洲从保山地委书记的岗位上退休后，主动放弃到省城昆明安享晚年的机会，带领群众历尽艰辛义务植树造林。杨善洲带着干部群众，辛勤耕耘22载，植树造林5.6万亩，让大亮山披上绿装。他还带领大家修建林区公路18千米，架设输电线路4千米多，让大亮山群众过上了通路通电的生活。他对群众满怀深情，经常拿自己的工资接济困难群众；对自己的家人他却始终严格要求，从没用手中的权力为亲属办过一件私事。

2009年4月，杨善洲将价值超过3亿元的大亮山林场的经营管理权无偿交给国家。

2010年10月10日，杨善洲因病逝世，享年83岁。他的模范事迹和崇高精神，为党员干部特别是领导干部为政、干事、做人树立起一面光辉的旗帜。

如今的大亮山，林木葱郁，溪流淙淙。在保山市施甸县杨善洲纪念馆里，"人民公仆杨善洲"七个红色大字格外显眼，前来学习杨善洲先进事迹的人们络绎不绝。

"父亲很少回家里住，大亮山的房屋才是他真正的家。"杨善洲的大女儿杨惠菊说。

"绿了荒山，白了头发，他志在造福百姓；老骥伏枥，意气风发，他心向未来。清廉，自上任时起；奉献，直到最后一天。六十年里的一切作为，就是为了不辜负人民的期望。"这是《感动中国》组委会给杨善洲的颁奖词，也是人民群众对这位"草鞋书记"一生为民、造福子孙的褒奖。

【话说英模】

习近平总书记在《努力成为可堪大用能担重任的栋梁之才》一文中指出："我们共产党人为的是大公、守的是大义、求的是大我，更要正心明道、怀德自重，始终把党和人民放在心中最高位置，做一个一心为公、一身正气、一尘不染的人。优秀地委书记杨善洲就是这样的楷模，一辈子为民造福，一辈子克己奉公。"

杨善洲将"自讨苦吃"称作共产党人的职业病，这种艰苦奋斗、以苦为乐的精神永不过时，永远需要发扬。

杨善洲精神蕴含了"忠于党、忠于人民、无私奉献"的优秀品质。杨善洲清贫一辈子、奉献一辈子、坚守一辈子，他的一生就是"听党话、感党恩、跟党走"的真实写照。

正如杨善洲所言："入党时我们都向党旗宣过誓，干革命就要干到脚直眼闭，现在任务还没有完成，我怎么能闲下来？如果说共产党人有职业病，这个病就是'自讨苦吃'！""我杨善洲出来工作主要是还账，主要是替我们全家报答共产党的大恩大德，我的工资是共产党给我吃饭的另一个碗……"

杨善洲不仅是这样说的，一辈子也是这样做的。他几十年如一日，头戴竹叶帽，身披蓑衣，脚踏草鞋，一身泥巴一身土，走

遍每一个村庄、踏遍每一道山梁，被人们亲切地称作"草鞋书记"。

1988年3月，退休后的杨善洲主动放弃了到昆明安享晚年的机会。他带着16名职工，雇了18匹马，驮着被褥、锅碗瓢盆、砍刀镢头上了大亮山，一干就是22年。

一顶竹叶帽，挡住了人民群众前行的风雨；一身中山装，彰显出共产党人应有的正气；一双草鞋，遍访了人民群众的疾苦；一根拐杖，撑起了人民群众的一片天空。杨善洲不仅给我们留下了一片绿洲，也给我们留下了一笔宝贵的精神财富。

人民楷模

朱彦夫

【英模简介】

朱彦夫（1933年~　），山东沂源人，中共党员，曾任沂源县西里镇张家泉村党支部书记。他参加过上百次战斗，3次立功，10次负伤，动过47次手术，是一级伤残军人。退伍后，他拖着残躯带领乡亲建设家园。曾获得"时代楷模""全国模范伤残军人""全国优秀共产党员""全国敬业奉献模范"等荣誉称号。2019年9月，被授予"人民楷模""最美奋斗者"荣誉称号。2022年3月，被评选为"感动中国2021年度人物"。

【英模心语】

"一个共产党员，只要还有生命，就能有作为。"

【英模事迹】

　　1947年冬天，年仅14岁的朱彦夫穿上了军装。解放上海时，16岁的朱彦夫只身炸毁敌人三座碉堡，身负重伤，荣立战功，火线入党。

　　1950年冬，在抗美援朝战场上，朱彦夫所在部队经过浴血奋战，成功拿下250高地。他们还来不及休整，就接到命令：死守高地。

　　在零下30多摄氏度的严寒中，炮弹像雨点般砸在高地上。朱彦夫和战友们舍生忘死，在没有后勤补给和弹药补充的情况下，硬是打退了敌人十多次进攻，但他们也因此付出了惨重的代价，战士们一个个倒下。到第三天，仅剩的朱彦夫也被手榴弹炸昏，重伤倒在阵地上。

昏迷中，朱彦夫觉得自己还在与敌人战斗。他越打越渴，越打越饿。这时一块黏糊糊的血肉顺着鼻梁滑到嘴边，他本能地一口吞了下去。彼时的朱彦夫哪里知道，他吞下去的竟是自己的眼球。

失去四肢和左眼的朱彦夫想到死，但他连死的能力都没有了。冷静后的朱彦夫很快重新燃起了斗志，他说，为了死去的战友，也必须活下去。从战场上幸存下来的朱彦夫先后经历了47次手术，两腿从膝盖以下截去，两手被锯掉，失去了左眼，右眼的视力仅剩0.3。

1956年初，朱彦夫主动放弃荣军休养所特护待遇，毅然回到家乡——沂源县张家泉村。1957年，他担任村党支部书记，在人生的第二个"战场"上，与乡亲们一起奋斗。

一上任，朱彦夫就挂着拐，拖着17斤重的假肢，臂上搭着一块随时用来擦汗的毛巾，深一脚浅一脚，到田间地头查看生产，逐门逐户察访民情。主意慢慢拿定：治山、治水、造田、架电。一个个山里人想都没想过的大工程，在张家泉村热火朝天地展开。朱彦夫始终掌握着第一手资料，春天的耕播、用肥、苗情他了解；夏天庄稼的长势，旱、涝、虫、草荒他知道；秋天庄稼收割、打场情况他说得清；冬天整地、积肥状况他了然于胸。朱彦夫跑油田、去上海、闯西安、下南京……先后79次外出，行程7万多里，历尽千辛万苦，终于备齐了价值20多万元的架电材料。1978年12月，全长十多千米的高压线路跨过一道道山梁、一道道沟壑，终于接到了村里。

全县第一个有拖拉机、第一个粮食平均亩产超过600斤；全

乡第一个用上电、村民人均收入第一……谁能想到，这么多"第一"，竟是张家泉村这个中华人民共和国成立初期村民连地瓜干都吃不饱，一到灾年就靠讨饭糊口的穷山村创造的。

在休养所颐养天年，不是很好吗？即使回到村里，也可以吃国库粮，衣食无忧，为什么非要干村支书这个苦差事呢？对此，朱彦夫说："虽然我没手没脚，但有心有脑，哪能吃闲饭？看到乡亲们连饭都吃不饱，我哪能袖手旁观？带领大伙过好日子，困难肯定不少，但再难，能比战场上拼刺刀还难吗？与其腐烂，不如燃烧！"

1982年至今，从村党支部书记的岗位上退下来后，朱彦夫用嘴衔笔、残肢抱笔，历时七年，七易文稿，创作完成了两部震撼人心的自传体长篇小说《极限人生》和《男儿无悔》。人们都说，朱彦夫没有手，却把山村装点得花果飘香；他没有脚，却带领乡亲们走出了一条幸福路。

【话说英模】

"生命与你不止一次，士兵与你不止是经历，没有屈服长津湖的冰雪，也没有向困苦低头。与自己抗争，向贫穷宣战，一直在战斗，一生都在坚守，人的生命应当像你这样度过。"这是《感动中国》组委会给朱彦夫的颁奖词。

73年前，在长津湖战役中，志愿军战士朱彦夫失去了四肢和左眼，双腿膝盖以下、双手被截肢，成为一级伤残军人。他本可以躺在荣军院里"养"一辈子，但他拒绝躺在"功劳簿"上休养，毅然回到家乡张家泉村，带领村民治理荒山、兴修水利、发展教育、脱贫致富，一干就是25年。山水之间，记下了他立行、跪行、爬行、滚行的身影。

"厄运打不倒心中有光的人。"朱彦夫在日记中写道：与其腐烂，不如燃烧，要像个战士一样活下去。1982年，从村党支部书记的岗位退下来后，他用嘴衔笔、残肢抱笔，创作完成了两部震撼人心的自传体长篇小说《极限人生》和《男儿无悔》。他将两部饱蘸激情、饱蘸热血、激荡共产党人浩然正气的生命之作呈现在人们面前。14岁参军入伍、16岁火线入党的朱彦夫，用行动证明了"共产党人是用特殊材料制成的"。

"与其腐烂，不如燃烧"的铮铮风骨源于"虽九死其犹未悔"的忠诚品格，源于"风雨不动安如山"的如磐信仰，源于"愿得此身长报国"的热血担当。

朱彦夫用实际行动告诫我们：共产党人，要树立正确的名利观，用一辈子的实干为民擦亮共产党员之"名"；用一辈子的身体力行践行为人民服务的宗旨，让群众获得惠民之"利"，提升群众的幸福指数，把爱党之情、强国之志、为民之心和奋斗之行统一起来，在平凡的岗位上实现"小我"向"大我"到"无我"的升华。

领导干部的楷模 孔繁森

【英模简介】

孔繁森（1944年~1994年），山东聊城人，曾任西藏自治区阿里地委书记。1979年开始，他两次进藏工作。1994年11月29日，他完成任务返回阿里途中遭遇车祸，以身殉职。之后被追授"模范共产党员""优秀领导干部""全国民族团结进步模范"等荣誉称号。2009年9月，孔繁森被评选为"100位新中国成立以来感动中国人物"之一。2018年12月，被授予"改革先锋"称号。

【英模心语】

"一个人爱的最高境界是爱别人，一个共产党员爱的最高境界是爱人民。"

【英模事迹】

六七月间的西藏阿里，高原红柳花开得十分绚烂。沉默的冈底斯山，远远矗立在狮泉河镇地平线上，犹如一座丰碑。新时期党员领导干部的楷模孔繁森的名字，就深深地镌刻在这片神奇的雪域高原。

1979年，孔繁森告别山东聊城的父老乡亲来到这里。尔后，他两次进藏，历时十载。在阿里烈士陵园，刻在纪念碑上的对联述说着人们对他的敬佩："一尘不染，两袖清风，视名利安危淡似狮泉河水；二离桑梓，独恋雪域，置民族事业重如冈底斯山。"

孔繁森在藏期间先后担任岗巴县委副书记、拉萨市副市长、阿里地委书记。赴藏前，他请人写下"是七尺男儿生能舍己，作千秋

鬼雄死不还乡"的条幅；进藏后，他又留下"青山处处埋忠骨，一腔热血洒高原"的豪迈誓言。在岗巴三年，他几乎跑遍了全县乡村牧区，每到一地就访贫问苦。

孔繁森第二次进藏后任拉萨市副市长，分管文教、卫生和民政工作。任职期间，他跑遍了全市八个县区的所有公办学校和一半以上乡办、村办小学。

在西藏最艰苦的阿里地区，藏族农牧民称孔繁森为"药箱书记"。粗通医术的孔繁森每次下乡都身背药箱，义务为群众防病治病。阿里的发展凝聚着孔繁森的全部心血，短短一年多的时间，他走访98个乡镇，行程8万多千米⋯⋯

孔繁森始终努力践行着自己最喜爱的那句名言："一个人爱的最高境界是爱别人，一个共产党员爱的最高境界是爱人民。"

令人痛惜的意外发生在1994年11月29日，孔繁森去新疆塔城考察边贸事宜，在完成任务返回阿里的途中，因为一场车祸不幸殉职，时年50岁。人们料理他的后事时，看到了两件令人心碎的遗物：一是他仅有的8.6元钱款；二是他去世前四天写的关于发展阿里经济的12条建议。这12条建议，既包括了建机场、修国道、造电站等改善阿里能源交通"瓶颈"的对策，也涵盖了财政、民生、教育等群众所关切的问题。

出师未捷身先死，长使英雄泪满襟。令人欣慰的是，一批批阿里干部群众在孔繁森精神的激励下，已将这些遗愿逐一变为现实。

【话说英模】

人人学习孔繁森，那么孔繁森当年学的谁？

在孔繁森同志纪念馆的展厅内，一张图片给了我们答案：他曾经是一个兵，七年军旅受益一生。

这张图片介绍的是孔繁森在原济南军区总医院服役时和三位老首长的故事。来自延安八路军总医院、被称为"军内一把刀"的原济南军区总医院医务处主任徐诚对孔繁森教育和帮助最大，孔繁森当年给马从忻、徐诚夫妇当了三年公务员。在战火纷飞的年代，O型血的徐诚在手术台上多次为战士直接输血。中华人民共和国成立后，马从忻、徐诚夫妇继续保持优良传统，经常资助贫困学生，收养亲朋好友无法照顾的孩子。"老革命们"言传身教，深深地影响了涉世之初、正值青年的孔繁森。

孔繁森经常学雷锋做好事。他在服役期间曾自费购买了一套理发工具，利用业余时间为群众和战友义务理发。孔繁森退役时把理发工具作为纪念品留给了班长臧秀启，臧秀启退役回到家乡后，用这套理发工具为群众义务理发十几年，后来臧秀启把它捐赠给了孔繁森同志纪念馆。当年，孔繁森曾两次偷偷地给臧秀启病重的父亲寄钱。几十年过去了，臧秀启谈起这些往事依然泪流满面。

当过兵的孔繁森成长为领导干部的学习楷模，并不偶然。

"老是把自己当珍珠，就时常有怕被埋没的痛苦。把自己当

泥土吧！让众人把你踩成路。"这是孔繁森用以自勉的座右铭，也是我们窥知他内心世界的一面镜子。

孔繁森两次进藏，担任重要职务。对党的事业而言，他踏艰履险，开拓跋涉，有开创局面之功；对当地百姓来说，他勤政爱民，播撒温暖，有造福一方之绩。于国于民，他贡献极大。

一位品德高尚、政绩优秀、贡献突出的领导干部，为什么宁愿去当一抔铺路的泥土？从某种程度上讲，对人民群众的大爱正是部队这个大熔炉锻造的结果：革命战士一块砖，哪里需要哪里搬。

大国工匠

许振超

【英模简介】

许振超（1950年~　），山东荣成人，中共党员，青岛港前湾集装箱码头有限责任公司工程技术部固机高级经理，中华全国总工会原副主席（兼职）。先后荣获"全国劳动模范""全国优秀共产党员"称号。2009年，被评选为"100位新中国成立以来感动中国人物"之一。2018年12月，被授予"改革先锋"称号，并颁授"改革先锋"奖章。2019年9月，被授予"最美奋斗者"荣誉称号。

【英模心语】

"中国的码头工人不比别人差，别人能干的，我们也能干，别人不能干的，我们照样能干！"

【英模事迹】

从业几十年，许振超始终践行着执着专注、精益求精、一丝不苟、追求卓越的工匠精神，在平凡的岗位上做出不平凡的业绩。他从未忘记自己是一名工人，一定要"当一个好工人"，这就是许振超对工匠精神最朴素而深刻的诠释。

1974年，许振超初中毕业后到青岛港当了一名码头工人，他操作的是当时最先进的起重机械——门机。许振超勤学苦练，七天就学会了，成为一起学习的工人中第一个能独立操作门机的。然而，门机会开容易开好难。师傅开门机，钩头起吊平稳，钢丝绳走的是"一条线"；可到了许振超手里，钩头稳不住，钢丝绳直打晃。特别是矿石装火车作业，许振超一钩货放下，洒在车外的比进车内的还多。为了早日掌握这项操作技术，每次作业完毕，别人歇着了，许振超还留在车上，练习停钩、稳钩。四五个月后，他开的门机钢丝绳走起来也是"一条线"了，一钩矿石吊起，稳稳落下，不多不少，正好装满一车皮。这手"一钩准"的绝活，很快就被大家传开了。

一次，许振超在进行散粮装火车作业时，发现粮食颗粒小，更易洒漏。于是他便在工作之余，吊起满满一桶水，练习走钩头，直至练到钩头行进过程中滴水不洒。这样再去装散粮，一抓斗下去，从舱内到车内，平平稳稳。这又是一个绝活——"一钩净"。

1984年，青岛港组建集装箱公司，许振超被选为第一批桥吊司机。第一次接触这种高技术含量设备，面对两三百页的手册、密密麻麻的外文，许振超感到了压力。他买了一本英汉词典，挨个查询单词，把单词抄在本子上随身携带，有空就反复背、反复练，很快便成了业务骨干。

正当许振超准备大干一番时，却发生了一件让他刻骨铭心的事。1990年，一台桥吊的控制系统出现故障，需要请外国工程师维修，高达4.3万元人民币的维修费让许振超震惊了。当许振超试着向外国专家请教时，外国专家却耸耸肩，不屑一顾。许振超被深深地刺痛了，他发誓："一定要争口气，学会自己修桥吊。"为了攻克这门技术，许振超着魔似的钻研。一块书本大的控制系统模板，一面是密密麻麻上千个电子元件，另一面是弯弯曲曲的印刷电路。为了分辨细如发丝、若隐若现的线路，许振超用玻璃专门制作了一个简易

支架，将模板放在玻璃上，下面安上100瓦的灯泡，通过强光使模板上隐身的线路显现出来，再一笔一笔绘制成图。许振超前前后后用了整整四年时间，一共倒推了12块不同型号的电路模板，绘制的电路图纸有两尺多厚。凭着这股劲儿，他逐步掌握了各类桥吊技术参数和设备性能，不仅能排除一般的机械故障，还能修复精密部件。

许振超不仅练就了"一钩准""一钩净""无声响操作"等基本功，还带出了"王啸飞燕""显新穿针""刘洋神绳"等一大批工作品牌。在"许振超大师工作室"获得人力资源和社会保障部批准之后，许振超对打造工匠精神更加关注。他带领团队围绕码头安全生产需求，开展科技攻关，推进互联网战略，持续破解安全生产难题，完成了"集装箱岸边智能操作系统"，在世界上率先实现"桥板头无人"，解决了集装箱桥板头作业人机交叉的风险问题。他带领团队打造的"48小时泊位预报、24小时确报"服务品牌，每年为船公司节约燃油1.26万吨，成为青岛港的又一金字招牌。

【话说英模】

"干就干一流，争就争第一。"这是许振超的座右铭。

20世纪90年代，我国各大港口全球化运输火热，但多数港口的集装箱装卸效率较低。有的港口因为装卸慢，导致客户责备，甚至丢失客户。为此，当时在港口一线干桥吊队长的许振超下决心要提高装卸作业效率。

"不服输"的许振超始终抱着"咬定青山不放松"的心态，

一遍一遍地跟工人们在码头上"磨"。

很快,他带领班组逐渐练就了"一钩准""一钩净""无声响操作"等绝活,熟练掌握了各类桥吊的技术数据和机械性能。他也成为名副其实的"工人专家",并亲手带出了"王啸飞燕""显新穿针"等一大批具有社会影响的工作品牌,装卸作业效率因此提升了20%。

面对荣誉和成绩,许振超并没有就此止步。

此时,青岛港新港区建成投用,现代化设备也逐渐部署到位。

"有了金刚钻,敢揽瓷器活。"许振超再度带领工人埋头苦干,熟悉新设备、研究新技术、探讨新方法。与此同时,单位也给了许振超极大的支持,要人给人,要钱给钱,要政策给政策,帮助许振超和他的团队克服了很多困难。

2003年,作为桥吊队长的许振超第一次带领他的作业队打破了集装箱装卸世界纪录。此后,"振超团队"又先后八次刷新集装箱装卸纪录。从此,"振超效率"闻名世界。

许振超带领攻关团队在国内首次实现了双起升岸桥的远程半自动操作,让司机离开传统的高空驾驶室,在现场控制室即可实施远程控制操作,为传统码头向半自动、自动化转型提供了一条可复制的成功经验之路。

获得诸多荣誉的许振超,始终有着一颗工匠的初心。虽然现在他从一线工作岗位上退了下来,但在拼搏的路上他没有停下来……

自强不息的劳动模范 张海迪

【英模简介】

张海迪（1955年~　），山东文登人，曾任中国残奥委员会主席，中国作家协会全国委员会委员，康复国际主席，中国残联第五、第六、第七届主席团主席。1981年8月参加工作，1982年12月加入中国共产党。曾荣获"全国劳动模范""全国三八红旗手""全国优秀共青团员"等称号。2009年，张海迪被评选为"100位新中国成立以来感动中国人物"之一。

【英模心语】

"在人生的道路上，谁都会遇到困难和挫折，就看你能不能战胜它。战胜了，你就是英雄，就是生活的强者。"

【英模事迹】

20世纪80年代,"新雷锋"张海迪在自己的日记中写道:"我不能碌碌无为地活着,活着就要学习,就要多为群众做些事情。既然是颗流星,就要把光留给人们,把一切奉献给人民。"

她说:"在人生的道路上,谁都会遇到困难和挫折,就看你能不能战胜它。战胜了,你就是英雄,就是生活的强者。"

张海迪,以残疾之躯,完成了许多健全人都无法做到的事情,她的事迹曾鼓舞和感动了无数人。她因此成为一代中国青年的楷模,被誉为"中国的'保尔'"。

张海迪,1955年9月生于济南,五岁时,爱唱爱跳的小海迪突然跌倒,经过多家医院检查确诊,她患上了脊髓血管瘤。张海

迪脊椎动过四次大手术，先后摘除了六块椎板，幼小的生命虽然保住了，但她却从此高位截瘫。张海迪因此没有进过学校，从童年起就开始以顽强的毅力自学知识。她先后自学了小学、中学和大学的课程。

张海迪总是以乐观向上的精神鼓励自己。15岁时，她随父母下放到山东莘县一个贫穷的小村子。在那里，她给村里小学的孩子们教书。当看到当地农村缺医少药，农民常受病魔的折磨时，张海迪开始自学针灸，经常拿自己的身体练习。她自学了十几种医学书和医科院校的部分教材，热心地为乡亲们针灸治病。在莘县期间，张海迪无偿治病一万多人次，被群众誉为"80年代的新雷锋"。

张海迪还自学了英语、日语、德语等，翻译了近20万字的外文著作和资料，翻译出版《海边诊所》《丽贝卡在新学校》《小米勒旅行记》等作品。1983年，张海迪开始走上文学创作的道路，著有散文集《鸿雁快快飞》《向天空敞开的窗口》《生命的追问》，写作出版长篇小说《轮椅上的梦》《绝顶》等。她的多本著作在国外出版，曾获全国"五个一工程"图书奖。至今，张海迪创作和翻译的作品超过200万字。

20世纪80年代初，张海迪的事迹被媒体报道后，在社会上引起了强烈反响。1983年5月，中共中央发出《向张海迪同志学习的决定》。这一年，全国妇联授予她"三八红旗手"称号；1989年，中宣部授予她"优秀青年思想工作者"称号；1991年，中国残联授予她"自强模范"称号；2000年，国务院授予她"全国劳动模范"称号。

1991年，张海迪在做过癌症手术后，继续以不屈的精神与命运抗争，她开始发奋学习哲学专业研究生课程。1993年，她在吉林大学哲学系通过了研究生课程考试，并通过了论文答辩，被授予哲学硕士学位。

张海迪多年来还做了大量的社会工作，她以自己的演讲和歌声鼓舞着无数青少年奋发向上。她经常去福利院、特教学校、残疾人家庭，看望孤寡老人和残疾儿童，给他们送去温暖。张海迪曾长期担任中国残疾人福利基金会理事、中国残疾人联合会主席团委员、山东省残疾人联合会副主席等职务。她积极参加残疾人事业的各项工作和活动，呼吁全社会都来支持残疾人事业，关心帮助残疾人，激励他们自强自立，为残疾人事业的发展做出了突出贡献。

【话说英模】

"当代保尔""80年代新雷锋"张海迪，身残志坚，怀着"活着就要做个对社会有益的人"的信念，勇于把自己的光和热献给人民。

从青年楷模、一级作家、全国政协常委，到国务院残工委副主任、中国残联主席、康复国际主席，张海迪已常青几十年。如今，她的脸上依然带着青春的热情，充满自信。

张海迪五岁时患脊髓血管瘤，脊椎动过四次大手术，脊椎板

被先后切除六块，第二胸椎以下已失去知觉，脊椎严重弯曲变形，根本不能支撑身体，全靠胳膊支在轮椅的扶手上。在这个瘫软的身躯里，却有一根坚强的生命支柱。这根支柱支持着这个病残的青年，在无情的现实中奋斗；这根支柱支持着这个长年不会走路的姑娘，开辟出一条广阔的生活道路；这根支柱支持着残存的三分之一尚有活力的身躯，发射出光和热。

张海迪以顽强的意志，与疾病和困难斗争，怀着满腔热情学习和工作。她以自己的生活历程，回答了亿万青年的人生观、价值观问题。正如她1983年在《中国青年报》发表的《是颗流星就要把光留给人间》一文中所说，人生的意义在于奉献。她把自己的光和热献给人民的事迹，激励着千千万万的青年去奋斗。

"活着，就要为人民做事。"张海迪是这样说的，也是这样做的。有一位耿大爷瘫痪了三年，一直没治好。张海迪一面在精神上鼓励耿大爷增强战胜疾病的信心，一面翻阅大量书籍，精心为耿大爷治疗。后来，耿大爷终于能说话了，也能走路了。这让张海迪深深地体会到为人民服务的幸福。张海迪把为社会、为人民做事，当成最大的幸福，她的崇高精神，闪烁着共产主义的光芒。

普希金写过这样一首诗："假如生活欺骗了你，不要悲伤，不要心急。忧郁的日子里需要镇静，相信吧，快乐的日子将会来临。"其实可以把张海迪这一生看作一部励志的小说，大多数正常人难以想象的事情，身残志坚的张海迪不仅做到了，而且成就了灿烂的人生。

　　张海迪的优秀毋庸置疑，希望我们也可以按照自己喜欢的方向继续努力，一生平安幸福。就像她曾说过的那样，像一颗流星，把光留在人间，为人类世界创造美好的未来。

点亮希望的校长妈妈 张桂梅

【英模简介】

张桂梅（1957年~   ），黑龙江牡丹江人，丽江华坪女子高级中学书记、校长，华坪县儿童福利院院长（义务兼任），丽江华坪桂梅助学会会长，中共二十大代表。1975年12月参加工作。1998年4月加入中国共产党。2020年，张桂梅被授予"全国三八红旗手""全国优秀共产党员""时代楷模"称号。2021年，被评选为"感动中国2020年度人物"，荣获"全国脱贫攻坚楷模"荣誉称号，被授予"七一勋章"。

【英模心语】

"只要还有一口气，我就要站在讲台上。倾尽全力、奉献所有，九死亦无悔。"

【英模事迹】

"烂漫的山花中，我们发现你。自然击你以风雪，你报之以歌唱。命运置你于危崖，你馈人间以芬芳。不惧碾作尘，无意苦争春，以怒放的生命，向世界表达倔强。你是崖畔的桂，雪中的梅。"这是《感动中国》组委会给张桂梅的颁奖词。

张桂梅，1975年参加"三线建设"从黑龙江支边到云南，先后在大理喜洲一中、华坪县中心中学等学校任教，现任云南丽江华坪女子高级中学党支部书记、校长，华坪县儿童福利院院长。

扎根边疆教育一线多年，张桂梅曾目睹许多女孩因家庭贫困或性别歧视辍学，她的心底萌生了创办一所免费女子高中的梦想。2008年，在党和政府及社会各界的帮助下，张桂梅推动创建了全

国第一所免费女子高中——云南丽江华坪女子高中。

自担任华坪女高校长以来，张桂梅十几年如一日，把所有精力都投入学生身上。她用爱心和智慧点亮了万千大山女孩的人生梦想，被学生们亲切地称为"张妈妈"。

每年的寒暑假，对许多师生来说是难得的休闲时光，可张桂梅却几乎不休息。利用寒暑假到学生家家访，是张桂梅一直坚持的习惯。她说，华坪女高的学生大多来自山区农村，家庭条件普遍较差，"高三是高考冲刺最要紧的时候，我要到学生家去，帮助学生家庭解决困难，让她们没有后顾之忧"。

自华坪女高成立以来，张桂梅累计到1500多名学生家进行家访，足迹遍布丽江市一区四县。

2021年寒假期间，兼任华坪县儿童福利院院长的张桂梅，在大年三十和正月初一陪着福利院的20多名孤儿一起过春节，其余时间全部用来家访。冬日的丽江山区，山高路远、天寒地冻，她走访了丽江市华坪县、宁蒗县、永胜县山区的104个学生家庭。

年过六旬的张桂梅身患多种疾病，每天要大把大把地吃药，手指、胳膊、颈背上贴满了止痛膏药。让她感到欣慰的是，越来越多的年轻人正在接过她手中的接力棒，学生们学会了感恩与奉献。有的学生大学毕业后拿出第一份工资捐助母校，资助山区的孩子读书；有的学生回到华坪女高任教……

周云丽是华坪女高第一届毕业生，当时她家庭十分困难，她最大的愿望是"走出大山赚大钱",但在华坪女高的学习时光改变了她的想法。2015年大学毕业后,周云丽考取了宁蒗县城的中学教师岗位。在听说华坪女高缺数学老师后,她毫不犹豫地放弃了县城工作、放弃了正式编制,来到女高做代课老师,后来才转正。

"在华坪女高三年,我们学到的不仅是知识,还有张老师无私奉献的精神。"华坪女高学生黎荔说,"我要以张老师为榜样,一点一滴为身边人付出,为社会付出。"

【话说英模】

"姑娘们想我了,我得赶快回学校,守着她们学习。"在人民大会堂荣获"七一勋章"、参加庆祝中国共产党成立100周年大会后,张桂梅急匆匆从北京赶回华坪。

60多岁的张桂梅,步履蹒跚,双手贴满止痛膏药,却无时无刻不挂念着她的学生。"让学生们远方有灯、脚下有路、眼前有光。"张桂梅以弱小的身躯,燃烧自己,点亮了大山女孩们的人生梦想。

鹤发银丝映日月,丹心热血沃新花。作为时代的"燃灯者",张桂梅的故事让许多人热泪盈眶。40多年来,张桂梅笑对人生中的风雨坎坷,始终坚守在祖国西南边陲的教师岗位上。从寸寸青丝到头发花白,未曾改变的是她对山区学子的爱心、对教育事业的信仰。她帮助一个个孩子改变人生的轨迹,进而帮助一个个家庭改变困难的处境,这是何其崇高的事业啊!

张桂梅让人热泪盈眶,还因为她激发了人们对教师特别是对乡

村教师群体的感怀。我们相信，在广袤的中国大地上，还有无数像张桂梅一样的老师。他们终其一生或许默默无闻，用生命践行使命，用情怀抒写担当，看似普通平凡，却无比崇高；他们持之以恒的坚守和奉献，温暖了每一位学子的心灵。社会不该也不会忘记他们的贡献。

春蚕到死丝方尽，蜡炬成灰泪始干。张桂梅恰似一支蜡烛，虽然细弱，但有一分热，便发一分光，照亮了别人，耗尽了自己。这又何尝不是教师群体的写照呢？

致敬张桂梅，就是致敬每一位润育桃李的教师。谢谢你们——让知识传承，让文明赓续，让青春激荡，让学子成长，让梦想飞扬！致敬张桂梅，同时也表达了党和国家尊师重教的一贯立场。

事业发展，人才为先。我们期待有越来越多的优秀人才像张桂梅一样投身教育事业，扎根基层，扎根西部，扎根祖国最需要的地方，为国家发展和民族振兴培养人才、积聚力量。

雷锋传人

郭明义

【英模简介】

郭明义（1958年~ ），辽宁鞍山人，现任鞍钢集团矿业公司齐大山铁矿生产技术室公路管理业务主管，兼任中华全国总工会副主席。1977年1月参军，1980年6月加入中国共产党，1982年复员参加工作。2012年3月，被授予"当代雷锋"荣誉称号。2018年12月，被授予"改革先锋"称号，并颁授"改革先锋"奖章。2019年9月，被授予"最美奋斗者"荣誉称号。

【英模心语】

"雷锋的道路，就是我的人生选择；雷锋的境界，就是我的人生追求。"

青少年学英模

【英模事迹】

1977年1月，郭明义参军。当兵的五年里，他从一个青涩小伙成长为一个好兵，入伍第二年被评为全师"学雷锋标兵"，并于1980年，先于同期士兵第一个入党。

1982年，郭明义退伍到鞍钢集团矿业公司齐大山铁矿工作。他先后从事七个不同的工作，无论做什么都兢兢业业、任劳任怨，干一行爱一行、钻一行精一行，创造了一流的业绩。

1996年，郭明义成为铁矿生产技术室采场公路管理员。从事这份"差事"以来，他坚持每天和一线职工奋战在一起，最累、最脏、最危险的活儿抢着干。他每天提前两个小时到岗，双休日、节假日从不休息。他制定的养路技术标准、考核办法等均在国内领先，齐大山铁矿连年名列全国冶金矿山企业电铲、生产汽车效率第一名。

郭明义是一个追求纯粹的人，做好事不求人知，矢志不渝地追求真善美。自1990年开始，他坚持无偿献血，累计献血量达6万多毫升，相当于自身总血量的近10倍。2005年，鞍山有了血小板提取设备，他几乎月月捐献血小板。2006年，一位工友的女儿患了白血病，另一位工友的儿子患了重度再生障碍性贫血症，他不仅带头捐款，还用各种方式发动大家捐献爱心，最终使两个孩子得到救助。2007年2月，鞍山市中心血站血源告急，向他求援。郭明义写了一份无偿献血倡议书，一个班组一个班组地进行宣传，最终"齐矿"有100多名职工参加了无偿献血，总献血量达到2万多毫升。郭明义先后组织了10余次大规模献血，累计献血量达到10万多毫升。2008年，鞍山市第一支"无偿献血志愿者服务队"成立，郭明义被推选为队长；同年12月，郭明义获得国家卫生部颁发的"全国无偿献血奉献奖金奖"。

郭明义是工友们的贴心人，他所在采矿作业区的一个班组30名工友中有23人受过他的直接资助。给别人捐款，他从未有过丝毫犹豫；而对自己，哪怕花一分钱也要再三掂量。有很长一段时间，郭明义不吃午饭，所有的补助和荣誉奖励都成为他的捐款。

德不孤，必有邻。郭明义不仅自己无怨无悔地无私奉献，还带动身边的工友和全国各地的志愿者投身社会公益事业，形成了以他的名字命名的爱心团队。

2010年10月开始,郭明义先进事迹报告团在全国范围内做巡回报告,郭明义的先进事迹感动和激励了无数干部群众。2011年4月和7月,话剧《郭明义》和电影《郭明义》相继推出,受到广大观众的热烈欢迎和高度赞扬。

与此同时,郭明义的爱心团队迅速发展壮大,从2010年8月的40个分队,猛增到如今的160多个分队、6万多人。据不完全统计,郭明义爱心团队累计捐款200多万元,建设希望小学2所,资助贫困学生6000多人,救助困难群众4000多人,参加造血干细胞捐献的志愿者5000多人,参加遗体器官捐献的志愿者800多人,参加献爱心活动的人员超过20万人次。

如今的郭明义,依然把做好事、办实事作为自己最大的快乐。在他的心中,永远燃烧着为党分忧、为企奉献、为民解愁的热望,始终为了和谐社会建设而不懈奋斗。他是当之无愧的当代雷锋,是当之无愧的社会主义核心价值观的生动实践者。

【话说英模】

"他总看别人,还需要什么;他总问自己,还能多做些什么。他舍出的每一枚硬币,每一滴血都滚烫火热。他越平凡,越发不凡,越简单,越彰显简单的伟大。"这是《感动中国》组委会给"雷锋传人"郭明义的颁奖词。

奋斗是青春最亮丽的底色,行动是青年最有效的磨砺,郭明义用实际行动和实干精神书写青春辉煌。他用两万多个小时的义务献工,从不休息的双休假日,向时代展示了什么叫敬业奉献、苦干实干。正如康德所说，世界上最令人敬仰的，一是头顶灿烂的星空，另一个则是我们内心的道德准则。

郭明义的"明"——日月结合，普照世间万物。世间万物离不开日月，日月之衡，灿烂着、光辉着我们的生活。郭明义是一面旗，一面"放光"的旗。工友们提起郭明义，没有不赞成的；只要是他说的话，大家没有不听的；只要是他号召的事，大家没有不做的。郭明义缘何有这般凝聚力？是因为他用自己的热度温暖了别人，才换来别人对他的尊重。

郭明义的"义"——义，中国古代一种含义极广的道德范畴，指公正、合理而应当做的。孔子最早提出了"义"，大意是说"以义待人，就能获得感恩"。今天我们理解"义"，可以理解为一种没有私心的大爱。大爱无言，大善无形。郭明义默默做的就是为了别人的幸福，别人幸福了，他自己也幸福了。他几十年如一日地热心公益事业，帮助困难群体排解困难、化解矛盾，给数百个无助的家庭带来希望。一位即将毕业的辽宁科技大学学生听了郭明义的报告后说："我是流着泪听完报告的，这是我大学生涯最后也是最重要的一课。有人说如今是冷漠势利的社会，而郭明义的事迹告诉我，人间有大爱，和谐社会需要每一个普普通通的人做出努力！"

我们从"明"与"义"两个字的内涵来解说郭明义，显然有局限性，纯属偶得。但是，我们也应该看到，他带给这个时代的温暖精神和大爱精神正是引领时代前行的美好道德，其昂扬向上之力，可擎天，可撑地。

守岛报国的时代楷模 王继才

【英模简介】

王继才（1960年~2018年），江苏灌云人，曾任江苏省灌云县开山岛民兵哨所所长、开山岛村党支部书记。2003年10月加入中国共产党，自1986年起，王继才和妻子王仕花克服常人难以想象的困难，守卫孤岛整整32年（截至2018年）。2014年，王继才夫妇被评为全国"时代楷模"。2018年7月27日，王继才在执勤时突发疾病，经抢救无效去世。2019年9月，被授予"人民楷模""最美奋斗者"荣誉称号。

【英模心语】

"开山岛插着国旗，我们天天守着的就是国土。"

【英模事迹】

王继才，江苏省灌云县开山岛民兵哨所原所长、开山岛村原党支部书记，2018年7月因突发疾病，永远倒在了他坚守30多年的开山岛上。

1986年7月，王继才被小船送上了开山岛。这里乱石嶙峋，蚊虫飞舞，老鼠和蛇在脚下乱窜，几排营房空无一人，没电、没树、没水，雨水池里还爬满了虫子、蛤蟆……在王继才来之前，先后有四批人在岛上只坚持了几天就"落荒而逃"，他却毫不动摇："我答应过组织来守岛，说话要算数。"

放心不下丈夫的妻子王仕花毅然辞去工作，上岛与丈夫并肩值守。从此，王继才夫妇每天做的第一件事就是在岛上升起五星红旗。

没有人让他们升旗，王继才却认定，在这座岛上国旗比什么都重要。

王继才曾说："升起国旗，就是要告诉全世界，这里是中国的土地，谁也别想欺负咱！"

一次，台风来袭，王继才脑子里只想着国旗。他顶着狂风，跌跌撞撞爬到山顶，奋力把国旗降了下来。回来时，他一脚踩空，滚下17级台阶，肋骨摔断了两根，人差点被吹进海里卷走。可他手里，还紧紧抱着那面国旗，像是护着一个初生的孩子。

第二天，赶来的渔民把他接下岛送进医院。大家劝他，为了一面旗摔成这样，如果真的命没了，值得吗？王继才却说："守岛这么多年，开山岛就是我的家，如果哪天真出事了，就把我埋在岛上，让我一辈子陪着国旗！"

开山岛生存环境恶劣，王继才夫妇冬天被冻得躲进山洞，夏天被蚊子追着咬，身上常年患有湿疹，柴煤用完吃生米，粮食没了撬吃生牡蛎……

凭着对事业的满腔热爱，他们在每日巡岛、观天象、护航标的同时，一点一点地从岸上运泥土肥料，将寸草不生的"石头岛"变成植被茂盛的"绿岛"。30多年里，他们仅有五个春节与家人团聚，连父母去世、女儿结婚都因坚守执勤没有及时赶回。30多年扎根岗位、无怨无悔，30多年将青春奉献给开山岛，王继才没有动摇：守岛就是守国，守岛也是守家。

那30多年里，曾有过许多诱惑和机遇。走私犯要与他平分利润，蛇头对他威逼利诱、拳打脚踢，王继才没有动摇；岸上经济发展如火如荼，改革开放让周边的人们都富起来了，王继才没有离开。

一年又一年，守岛，从"有期限的任务"变成了"终生的使命"。

在与犯罪分子的斗争中，在对渔民、对设施的守护中，在每天升起的五星红旗上，王继才看到了自己守岛的价值。

儿子王志国曾因为工作枯燥乏味向父亲抱怨，王继才语重心长地告诉他："如果你觉得工作没趣味，那是因为你没花时间、没用心。"王志国在以后的日子里才更深刻地领会到这句话的含义：用了心，花了时间，再平凡的小事，也会有价值。

2018年7月27日，老民兵王继才倒在了开山岛的台阶上。哨所的营房里，一面国旗整整齐齐地放在桌子上。那是他生前升过的最后一面国旗。

【话说英模】

"浪的执着、礁的顽强、民的本分、兵的责任。岛再小也是国土，家未立也要国先安。三十二年驻守，三代人无言付出，两百面旗帜收藏了太多风雨。涛拍孤岛岸、风颂赤子心！"这是《感动中国》组委会给2018年度人物王继才夫妻的颁奖词。

2018年9月11日，得知中国人民革命军事博物馆来征集王继才烈士的遗物，王继才家人决定，将他生前使用过的海防哨所执勤证、手摇步话机、收音机、马灯、海防日记、国旗等25件

遗物无偿捐献给博物馆。

　　一件物品背后就是一个感人的守岛故事。迷彩服上的补丁是王仕花帮王继才补上的，让他重新换一件，他硬是不肯；手摇发电收音机是当年一名上岛采访的记者送给王继才的，当时岛上没有电，他就靠这个收音机收听新闻、了解岛外的信息。

　　生命的价值蕴含在人生的轨迹之中。回首王继才平凡而伟大的58年人生，我们惊叹于他克服常人难以想象的艰苦条件，在黄海前哨开山岛值守32年，相当于服了16次义务兵役；我们敬佩于他身处改革开放的繁荣年代，却无怨无悔地在一个"平凡得无聊、艰苦得离谱"的岗位上默默奉献；我们更震撼于他自觉扛起"打江山没有我，守江山我必须上"的责任，战胜一次次生死考验，用生命践行忠于祖国、忠于人民的初心和承诺，挺起新时代奋斗者的铮铮铁骨，让精神之光照亮更多筑梦人的前行之路。

　　斯人虽逝，精神永驻。如今的开山岛不仅是黄海中的一个地理坐标，更是一座彰显新时代奋斗者价值追求的精神丰碑。以奋斗之名，新时代的中国故事，每个中国人都是主角，每个人心中都有一座开山岛。守好这座"岛"，就一定能在实现中华民族伟大复兴的征程中，书写不平凡的人生华章。

罗阳

航空报国英雄

【英模简介】

罗阳（1961年~2012年），辽宁沈阳人，曾任歼-15舰载机工程总指挥，沈阳飞机工业（集团）有限公司董事长、总经理、党委副书记。1982年8月参加工作，1986年8月加入中国共产党。2012年11月25日，罗阳在执行任务时突发急性心肌梗死、心源性猝死，因公殉职。2012年，被追授"全国优秀共产党员""航空工业英模"荣誉称号。2018年12月，被授予"改革先锋"称号，并颁授"改革先锋"奖章。2019年9月，被授予"最美奋斗者"荣誉称号。

【英模心语】

"研制战机，要么是零分，要么一百分，没有中间分！"

【英模事迹】

"当我叫你英雄的时候你是否听见,这一去请不要走得太遥远,当我叫你英雄的时候我泪流满面,双手化翼梦想翱翔蓝天……"一曲献给航空报国英雄罗阳的歌曲《我的英雄》,汇聚了悲痛、惋惜、钦佩等复杂的情感,真切地歌颂了这位默默无闻、奉献于航空事业的幕后英雄。

罗阳是歼-15舰载机项目总负责人。当他人生中的最后一段影像公开时,人们才注意到,在离世三个小时前,他带着微笑的脸上早已写满了疲惫。自2002年开始,罗阳的工作便开启了"611"模式,一周6天,每天11个小时。在舰载机项目紧张的时候,这一工作模式从"611"变成了"711",以至于最后变成了"720",一周

7天，每天20小时。这一坚持就是十年。

在罗阳背后催着他一刻不停歇拼命工作的，是他矢志不渝的航空报国梦，也是一个个死死写定的新型战机研发时间节点。

在罗阳任总经理的五年里，沈飞每年都会放飞一架新型号战机。沈飞的战机年交付量从最少时的四架，猛增到近百架。一架战斗机的零部件超过28 000多件，千丝万缕，千头万绪。那些棘手而难以克服的问题，最后总会指向同一个人——罗阳。由高空俯瞰，体型巨大的航母也会变成一片飘在海面的树叶。而罗阳他们要做的，是让战机降落在那一条如细丝的叶脉上。成功了，航母才是一艘真正意义上的战舰；而失败了，就要机毁人亡。一手是国家财产，一手是飞行员的生命安危，所以罗阳给自己定的标准是："研制战机，要么是零分，要么一百分，没有中间分！"艰巨的任务、近乎完美的标准，意味着天大的责任与压力。

2012年11月22日上午，在他的注视下，一阵呼啸，几十吨的战机仅在短短几秒内，便从一只下山的猛虎，被驯服为一个乖巧的孩子。这一天是个划时代的日子，因为从这一天起，我们中国人终于有了自己的舰载机，我们的航母也真正成为名副其实的国之重器。但也在这一天，罗阳度过了一个极其漫长而痛苦的长夜，心绞痛折磨了他一宿。他默默地忍着，谁也没有告诉。

当如山的压力终于得到释放，提着的那口气终于放下，罗阳身体的崩溃也从那一刻开始了。之后，便是他留给我们的那段最后的

视频影像，他勉强地冲大家微笑着，却连拥抱的力气都没有了。在距离医院100米的地方，罗阳一头栽倒在车里，再也没有醒来。

　　1961年6月29日是罗阳出生的日子，而十年前的这一天也恰巧是沈飞创建的日子。同事们都半开玩笑地说他就是为沈飞而生，可谁也没有想到，在他生命的终章，会是为沈飞而死的。在他离去后，任谁也没有想到，作为沈飞的老总，罗阳连一张像样的个人照都很难找到，那张遗照竟然是从一张工作合影中截图制作的。一向低调、内敛的他如果还在，一定想不到罗阳这个名字会被那么多人记住，也想不到自己会成为被国人仰慕的英雄，会有人为这个名字而振奋、感动，以致泪流满面。

　　转眼间，罗阳已经离开我们11年了。亲爱的罗阳，如今祖国已经有了三艘航母。当战机从航母呼啸升空的那一刻，多么希望，你依旧默默站在航母甲板的那头，悄悄地开心。如果不小心被镜头"抓"到，你又会慢慢转过身，轻松、腼腆、温暖地，冲我们浅浅地微笑，一点儿都看不到疲惫的模样。

【话说英模】

　　"如果你没有离开，依然会，带吴钩，巡万里关山。多希望你只是小憩，醉一下再挑灯看剑，梦一回再吹角连营。你听到了吗？那战机的呼啸，没有悲伤，是为你而奏响。"这是《感动中国》组委会给罗阳的颁奖词。

　　作为"为我国航母事业牺牲的第一人"，罗阳的事迹被无数次传颂。

让我们向航空工业英模的崇高精神致敬，让我们向知识分子的大爱与忠诚致敬。

罗阳精神是忠于事业的精神。在20世纪我国军工业的困难时期，他淡泊名利，潜心研究；在市场经济的大潮中，他不为外界诱惑所动，执着工作；在航空工业加快发展的进程中，他与时间赛跑，不负重托。

罗阳精神是忠于国家的精神。"为什么我的眼里常含泪水？因为我对这土地爱得深沉。"罗阳的战友说，每一次首飞，他们都会流泪。这泪水背后饱含了太多常人难以想象的艰辛，释放了太多无以言尽的压力。这艰辛与压力的背后，是一份沉甸甸的责任。为了国家武器装备的强大，为了加快追赶先进的脚步，罗阳以"一万年太久，只争朝夕"的紧迫感，带领他的团队奋勇前行。他用炽热的信念默默坚守，用饱满的精神不停前行。

时代永远需要罗阳式的英雄，他们是共和国的脊梁，是中华民族的脊梁。从"两弹一星"精神、载人航天精神到罗阳精神，精神之光薪火相传，这是我们不懈奋斗的精神食粮，这是我们勇往直前的动力源泉。党的二十大开启新的航程，我们要在各自的岗位上学习罗阳精神、践行罗阳精神，只要大家团结一心、众志成城，必定能带领中国这艘巨型航母破浪前行，必定能在中华民族伟大复兴的征程上迈出更坚实的脚步。

人民英雄

张定宇

【英模简介】

张定宇（1963年~ ），湖北武汉人，中共党员，毕业于同济医科大学（现华中科技大学同济医学院），现任湖北省卫生健康委员会党组成员、副主任，公共卫生总师。1986年7月参加工作。2020年8月19日，张定宇获得第十二届"中国医师奖"；9月8日，被授予"人民英雄"国家荣誉称号。2021年2月，被评选为"感动中国2020年度人物"。

【英模心语】

"身为共产党员、医务工作者，非常时期、危急时刻，必须不忘初心、勇担使命，坚决顶上去！"

【英模事迹】

"步履蹒跚与时间赛跑，只想为患者多赢一秒；身患绝症与新冠周旋，顾不上亲人已经沦陷。这一站，你矗立在死神和患者之间；那一晚，歌声飘荡在城市上空，我们用血肉筑成新的长城。"这是《感动中国》组委会给张定宇的颁奖词。

1986年，张定宇从华中科技大学同济医学院毕业后，先后在武汉市第四医院、武汉市普爱医院等临床一线工作。从医30多年来，他曾多次请缨上"战场"——带领湖北省第三医疗队赶赴汶川灾区抢救伤员，随中国医疗队赴阿尔及利亚、巴基斯坦等国开展国际医疗援助，挽救灾区和战火中的生命。

2013年，张定宇调任武汉市金银潭医院院长。三年多前，临

近农历新年，位于武汉市西北郊的武汉市金银潭医院陆续收治了一些不明原因肺炎患者。时任武汉市金银潭医院院长的张定宇，当即安排给患者做肺泡灌洗采样，为后来锁定新冠病毒赢得了时间。

面对汹汹来袭的疫情，张定宇紧急安排医院采购呼吸机、监护仪、输液泵等设备，不断腾退新的病房和病区，为持续增多的患者预留床位。春节前夕，金银潭医院21个病区全部改造、消毒、布置完毕，投入使用。

"我是一名医生，更是一名党员，也是湖北省、武汉市突发公共卫生事件医疗救治定点医院的院长。关键时刻，我不能退缩。"张定宇说。面对越来越多的患者和愈发捉襟见肘的医护人手，张定宇不眠不休、以院为家，从病房改造、院感管理到患者的具体用药和治疗，他都事无巨细地布置和参与。

就在张定宇全力以赴与病毒竞速之时，坏消息传来：他的妻子——武汉市第四医院的一名护士不幸感染病毒。虽然夫妻相距仅十多千米，但分身乏术的张定宇直到第三天深夜才挤出时间去看了一眼爱人，随即又返回工作岗位。得知妻子病情好转后，他心中的石头才落了地。

一天晚上，张定宇到重症病区查房，一名60多岁的盲人患者一把抓住他的胳臂问道："你是张院长吗？"

"您怎么知道是我呢？"张定宇很惊讶。

"你的脚步声和所有人都不一样。"老人说。

疫情发生后，张定宇持续高负荷工作，走路越来越吃力。为了打消大家的疑虑，在医院的一次会议上，他公开了自己身患渐冻症的事实："我的时间不多了，必须跑得更快，才能和大家一起从病毒手里抢回更多病人！拜托大家了！"

在张定宇的带动下，全院干部职工一起冲上抗疫前线。缺少保洁员，后勤的同志顶上去；缺少保安员，行政的同志撑起来……"我的这些战友，都是平凡人中涌现出来的真英雄。"张定宇感慨地说。

"作为一名共产党员，我的生命早已不仅仅属于我自己，还属于我们宣誓并为之献身的事业。"张定宇说。

2020年9月8日，张定宇被授予"人民英雄"国家荣誉称号。张定宇认为，"这个荣誉并非仅授予我个人的，而是授予所有奋战在抗击疫情一线的医务工作者和其他挺身而出的平凡英雄"。

【话说英模】

党的二十大代表张定宇日前决定，将捐献自己的遗体用于渐冻症研究。

"捧着一颗心来，不带半根草去"，作为党员干部和医务工作者，在预知自己的生命已经进入倒计时的情况下，他毅然决定捐献自己的遗体用于医学研究，为祖国和人民奉献自己最后一丝"光和热"。

一片丹心照玉壶，报国为民真英雄。张定宇在新的赶考路上奉献自我、踔厉奋发、笃行不怠，不断续写新的荣光。

"白衣执甲，救死扶伤"，有一种情怀叫"关键时刻我不能退缩"。2020年，面对武汉突如其来的新冠疫情，身患渐冻症的张定宇作为武汉市金银潭医院院长，身先士卒、逆行出征，拖着病体坚守抗疫一线，为患者筑起了一道道生命屏障。

危难时刻，他心中装的全是人民，唯独没有他自己。"治理之道，莫要于安民；安民之道，在于察其疾苦。"作为人民公仆，就是要把人民利益摆在至高无上的地位，心系人民安危冷暖，与人民心连心、根连根，在人民需要时"始终都在人民身边"，时刻准备着为人民冲锋陷阵。

"心底无私，我将无我"，有一种境界叫"我的生命属于事业"。

"作为一名共产党员，我的生命早已不仅仅属于我自己，还属于我们宣誓并为之献身的事业。"这是张定宇发自肺腑的"真情告白"。

为了祖国医学事业的发展，为了帮助更多像他一样的渐冻症患者，他毅然选择在生命的尽头"为国捐躯"，其大公无私、公而忘私、一心为公的崇高品格令人肃然起敬。党员干部手握人民赋予的"公权力"，应当向张定宇学习，摒弃私心、杜绝私念，以至公无私之心，行正大光明之事，以"大公之笔"描摹为党尽忠、为国尽职、为民尽责的忠诚底色。

见义勇为的英雄战士

徐洪刚

【英模简介】

徐洪刚（1971年~　），云南彝良人，现任西藏昌都军分区副政治委员、第十三届全国政协委员。1990年12月入伍。1993年7月加入中国共产党。1993年8月17日，徐洪刚为了保护人民群众的生命安全，只身同四名持刀歹徒搏斗，倒在血泊之中。事后徐洪刚被授予"见义勇为的英雄战士"称号，荣立一等功，被授予"见义勇为青年英雄""全国新长征突击手"荣誉称号，被评为全国第五届"十大杰出青年"。

【英模心语】

"军装是一种荣誉，更是一种责任，穿上军装就有一种崇高的使命感，使你的灵魂得到洗涤，人格得到升华。"

青少年学英模 QINGSHAONIAN XUE YINGMO

【英模事迹】

　　1993年8月17日，在云南、四川交界的乌蒙山下，一辆伏尔加轿车在公路上急驰，车里后排座位上躺着一位身穿迷彩服的解放军战士。他浑身是血，脸色苍白，呼吸困难。一位地方干部跪在他旁边，双手托着他的头。随行的医护人员一只手举着吊瓶，另一只手按着他的脉搏，不停地催促司机："开快点，再开快点！"

　　这位身负重伤的战士就是徐洪刚。十几分钟之前，在乌蒙山下一个叫巡司镇的地方，他同歹徒搏斗，倒在血泊中，被乘车路过的四川省筠连县税务局副局长詹本方一行人遇上，紧急送往医院抢救。

　　当天早晨，徐洪刚回云南彝良县探亲返回部队，踏上了开往四川宜宾的长途汽车。汽车在连绵起伏的乌蒙山区行驶，突然，一个歹徒拔刀向一名女青年勒索财物，恣意闹事。车上的旅客一时愣住了。这时，徐洪刚"腾"地站起来跨前一步，推开歹徒，用身子护住女青年，大喝一声："住手！"歹徒的三个同伙手持匕首，同时向徐洪刚扑了过来。徐洪刚凭着一腔正气和在军营里练就的本领，徒手和四名歹徒搏斗。徐洪刚的壮举触动了全车旅客，整个车厢群情激奋，一片呐喊声。长途汽车司机猛踩刹车，转身扑上去，死死抓住一个歹徒的手腕，夺下刀。正义压过了邪恶，惊慌的歹徒拼命挣扎，跳车逃窜。徐洪刚忍着身上14处刀痕的剧痛，用背心兜着流出体外的肠子，和乘客一起紧追不舍。由于伤势过重，他一个踉跄倒下了。

乘客们呼啦一下围了过来。路过这里的筠连县税务局副局长詹本方得知刚刚发生的一切，眼睛里涌出了泪花，他托起徐洪刚的头，大声呼唤着："同志，同志！"徐洪刚从昏迷中醒来，吃力地从上衣口袋里掏出士兵证，急切地说："我是解放军，快、快追歹徒！"说完又昏了过去。詹本方和大伙含着眼泪把徐洪刚轻轻地抱进轿车内，开到附近的卫生所包扎以后，火速送往筠连县医院抢救。

经过医务人员的抢救，徐洪刚脱离了危险，他的名字随着群众的颂扬迅速从四川传到云南，传到部队驻地河南、山东。这些地方的新闻单位立即将镜头和话筒对准了这位见义勇为的英雄。徐洪刚先后在筠连县医院、宜宾地区医院治疗，数以万计素不相识的群众排着队到医院看望慰问他。

9月26日，基本康复的徐洪刚告别医院，登上了回部队的列车。

列车在原野上飞驰，车厢里一片宁静。列车到三门峡站，列车长、乘务员及乘客们听说车上有一位勇斗歹徒的英雄，激动和崇敬之情油然而生。

车厢里沸腾起来了，人们把徐洪刚围了起来，请他讲徒手斗歹徒的事迹，并请他签名。列车经过徐洪刚的部队驻地渑池时，列车长临时动议，要在车站举行一个仪式欢送英雄下车。这时，渑池军民也做好了迎接英雄的准备。消息传开，群众自发地从四面八方涌来，站内站外挤了几万人。列车徐徐驶进渑池车站，身上佩戴"人民卫士"红色绶带的徐洪刚走下车厢，车上车下欢呼声交织成一片，响彻长空。

【话说英模】

2016年6月14日，全国道德模范郭明义和他的爱心团队走进古都洛阳。聆听他先进事迹报告会的听众中，有一位是从野外驻训场赶回的原第54集团军某红军师政治部副主任徐洪刚。

"学习他人，才能更好地提高自己。"徐洪刚说，作为一名共产党员，"不仅要时刻牢记宗旨意识，关键时刻更要敢于站出来。"

1990年，徐洪刚参军入伍。徐洪刚所在师历史传统厚重，是中国共产党掌握的第一支革命武装，被誉为军旗升起、军魂发源的地方。当兵第一年，徐洪刚就有写入党申请书的想法："但我觉得自己和党员的标准相差很远，笔拿起来又放下，没写出一个字。"

从此，徐洪刚有意识地磨炼自己不怕苦、不怕累，甚至不怕流血、不怕牺牲的钢铁意志。一次，部队驻地附近山林失火，徐洪刚同战友们紧急奔赴火场。扑灭大火后，徐洪刚的眉毛、头发被烧焦了，衣服已是千疮百孔。

"尽管他还不是党员，但他大项任务抢在前，危难关头冲在先，关键时刻敢于站出来。"时任指导员杨德海这样评价徐洪刚。

1993年7月23日，在党组织的培养下，徐洪刚终于如愿以偿，向鲜红的党旗许下誓言。就在入党不到一个月后，时任通信连班长的徐洪刚探亲归途中，赤手空拳与四名歹徒搏斗，身体被歹徒刺伤14处，肠子流出体外50多厘米。

"我是党员，当人民的生命财产受到威胁时，就要敢于站出来！"回忆往事，徐洪刚的回答与当年别无二样。

"党和人民的考验还在后面。只要党和人民需要，我还会一往无前。"时光飞逝，英雄本色始终不改，徐洪刚一直冲锋在人民最需要的时刻——

徐洪刚身上的刀伤一遇阴雨天就酸痛难忍，可1998年长江抗洪抢险，他坚决请战到抗洪一线；面对荆江大堤青山段的特大险情，他又请缨担任突击队队长，和战友连续奋战36个小时；汶川地震发生后，徐洪刚受命出征，为被困群众送去上万斤救命粮，搜救转移数十名幸存者；部队编制调整，徐洪刚主动申请到西藏最艰苦的地方任职。

从铁军战士到时代英雄，徐洪刚用自己的人生轨迹，践行着入党时的铿锵誓言。

脱贫攻坚楷模

黄文秀

【英模简介】

黄文秀（1989年~2019年），广西田阳人，中共党员，曾任广西壮族自治区百色市委宣传部副科长、派驻乐业县新化镇百坭村第一书记。2019年6月16日，黄文秀从百色市返回乐业县的途中遭遇山洪，因公殉职。2019年，黄文秀被追授"时代楷模""最美奋斗者"等称号。2021年，被追授"全国脱贫攻坚楷模"荣誉称号、"七一勋章"。

【英模心语】

"一个人要活得有意义，生存得有价值，就不能光为自己而活，要用自己的力量为国家、为民族、为社会做出贡献。"

【英模事迹】

30岁，正是芳华灿烂；30岁，正是风华正茂。黄文秀选择泥泞，告别繁华，将青春热情反哺给自己的家乡。可不承想，一场突如其来的山洪，让她30岁的生命永远定格在了扶贫路上。

2016年硕士毕业后，黄文秀毅然选择回到家乡，当一名定向选调生，扎根基层。"我来自贫困山区，我要回去，把希望带给更多父老乡亲，为改变家乡贫穷落后面貌尽绵薄之力。"黄文秀坚持自己的初心与选择。

这年7月，这只满怀热忱的"蝴蝶"，从北京飞回了生她养她的家乡——革命老区百色。

在百色市委宣传部，黄文秀领到了人生中的第一张工作证。一

年后,她来到石漠化片区田阳县那满镇挂职任党委副书记,期满又主动请缨到乐业县新化镇百坭村任第一书记。

彼时的百坭村山高路远,发展滞后,195户建档立卡贫困户分散居住在不同山头。黄文秀用了近两个月的时间,翻山越岭进行入户调查,还在笔记本上绘制了贫困户分布图,摸清了村情与村民致贫的原因。

黄文秀初来百坭村时,一些村民并不看好她,有的人甚至怀疑她是来"镀金"走过场的,不愿意跟她多聊。面对质疑和不配合,黄文秀没有放弃,她在日记中写道:"要想让老百姓愿意接近我,就得让他们觉得我和他们是一样的。"她换下裙子,穿上休闲运动装,进村入户访贫问苦。她常常帮贫困户收拾房间、打扫院子。有的村民不让她进家门,她就去两次、三次;村民家里没人她就到田地里去,边帮村民干农活边聊天。渐渐地,村民们开始接受她。

班龙排是当时还没脱贫的烟农,发展方向不明,脱贫动力不足。黄文秀暗下决心:"一定要全力帮他渡过难关!"她隔三岔五就到班龙排的烟田里查看并帮他出主意、想办法。2019年,班龙排种下的10亩烟叶长势良好,当年顺利脱贫。

百坭村党支部书记周昌战回忆,2018年8月的一天,黄文秀带队下屯入户,一直忙到晚上。"回来路上,遇到暴雨,道路塌方,文秀书记和我们一起钻树林、爬泥坡、蹚大水,直到凌晨才回到村部。"

山路弯弯,步履不停。驻村期间,为了提高工作效率,黄文秀将在乡镇挂职时贷款买的私家车开到村里当工作车用。2019年3月26日，黄文秀驻村满一年，汽车行驶里程约2.5万千米，当天她发了一条微信朋友圈："我心中的长征。"驻村一年多，黄文秀带领百坭村88户共418人脱贫，全村贫困发生率下降20%以上，并推动完善了通屯路、蓄水池、路灯等基础设施。

2019年6月，雨季来临，暴雨导致百色山区多处路段塌方。黄文秀回家陪护刚做完手术的父亲，因放心不下村里的防洪工作，便冒着暴雨连夜返回百坭村，途中遭遇山洪不幸牺牲。

黄文秀牺牲后，被追授"全国脱贫攻坚楷模"荣誉称号。在全国脱贫攻坚总结表彰大会上，黄文秀的父亲黄忠杰替爱女戴上大红花，在会场红了眼眶。

"女儿回乡后一心扑在工作上，是党培养了她，她为党的事业做出了贡献，我为她骄傲！"黄忠杰说。

【话说英模】

"有些人从山里走了，就不再回来，你从城里回来，却再没有离开。来的时候惴惴，怕自己不够勇敢，走的时候匆匆，留下最美的韶华。百色的大山，你是最美的朝霞，脱贫的战场，你是醒目的黄花。"这是《感动中国》组委会给黄文秀的颁奖词。

黄文秀从北师大硕士毕业后，选择回到贫穷的家乡。响应党组织的号召，她将扶贫作为自己再出发的开始；放弃留在大城市的工作机会，她到边远的贫困村任第一书记，在穷乡僻壤奉献青

春、无怨无悔，直至奔向受灾群众时被山洪夺去生命——黄文秀最让人敬佩的是，选择坚守理想信念，选择心系扶贫事业，选择忠诚担当作为青春使命。

黄文秀把青春之梦写在泥土里。她一次次走进贫困户家里，写下一本本扶贫日记；她曾12次到贫困户韦乃情家，帮助解决困难，寻找脱贫办法；村里5个屯出行困难，她感同身受，连夜做方案……黄文秀在日记中写道："只有扎根泥土，才能懂得人民。"

"扎根基层、一心为民"是黄文秀的价值追求。她的微信朋友圈和别人不一样，其中鲜有自拍、旅行、佳肴美食，她的双脚走在泥土上，让大家看到了别样的人生选择。

黄文秀的父亲患肝癌，两次做手术，她深为挂念，却长时间不能回家。她牺牲的当晚，也是心系受灾群众，忍痛离别刚做完手术的父亲，连夜冒雨赶回来救灾。黄文秀的忠诚担当、无私无畏的高尚情操，令人动容。

年仅30岁的璀璨芳华，如流星般划过，闪亮于夜空，留下了永恒的身影，也带给了人们长长的思考：何等信念，才能像她那样放弃"小我"选择"大我"；何等担当，才能像她那样将党和人民的事业放在更重要的位置；何等情怀，才能像她那样把原本陌生的贫困户当成自己的亲人。

青春是用来奋斗的，黄文秀用短暂的生命诠释了"初心"与"使命"，谱写了新时代的青春之歌。

排雷英雄

杜富国

【英模简介】

杜富国（1991年~   ），贵州湄潭人，现任南部战区陆军某扫雷排爆大队一级上士。2010年12月入伍。2016年11月加入中国共产党。2018年10月11日，杜富国在执行扫雷任务时突遇爆炸，为保护战友，失去了双手双眼。11月18日，杜富国被授予一等功。2019年，被评选为"感动中国2018年度人物"；被授予"全国自强模范""时代楷模""排雷英雄战士""最美奋斗者"荣誉称号。2022年7月27日，荣获"八一勋章"。

【英模心语】

"你退后，让我来！"

【英模事迹】

　　云南边境，昔日两军激烈交战的山脊、沟壑、林地中，地雷、炮弹、手榴弹无处不在。多年来，当地百姓被炸伤、炸残、炸死的事情时常发生，土地里遗留的上百万枚地雷和其他爆炸物成为雷区周边群众挥之不去的噩梦。

　　雷患不除，边境不宁。从1992年起，我国先后进行过两次大面积扫雷。2015年，400余名勇士奉命奔赴雷区，第三次大规模排雷行动展开。

　　"一定要把这片雷场清除，还边境人民一片净土。"第一次见到生活在雷区附近身体残缺的老乡们，陆军某扫雷排爆大队战士杜富国暗暗下定决心。

排雷得像考古挖掘一样小心翼翼，稍有不慎就可能造成尸骨无存。一次，杜富国探测到一枚59式反坦克地雷。他用毛刷、排雷铲轻轻清理浮土，发现这个"大家伙"的顶端竟是凹陷的。这是一颗精心布设的诡计雷，原本200公斤以上重量才能压爆的反坦克地雷，步兵一碰就炸，威力巨大。现场静得能听到呼吸声，杜富国小心翼翼地解除地雷引信，当他从土里捧出地雷时，他已经全身湿透。

如此经年累月，杜富国享有一项"特权"：配有两套防护服，在闷热的季节里可以换着穿。杜富国的防雷靴磨损最快，也最烂。三年多的扫雷生涯，他累计进出雷场1000余次，在明亮的双眼与灵巧的双手的完美配合下，2400余枚爆炸物被他小心拆除，安然捧出。

2018年10月11日下午，杜富国带战士艾岩在麻栗坡县某雷场进行扫雷作业，发现一个少部分露于地表的弹体。他初步判断这是一颗当量大、危险性高的加重手榴弹，且下面可能埋着一个雷窝。杜富国马上向分队长报告，在接到"查明有无诡计设置"的指令后，他命令艾岩："你退后，让我来！"

艾岩后退了几步。正当杜富国按照作业规程小心翼翼地清除弹体周围的浮土时，突然"轰"的一声巨响，弹体发生爆炸，他下意识地倒向艾岩一侧。飞来的弹片伴随着强烈的冲击波，把杜富国的防护服炸成了棉花状，也把他炸成了一个血人。正是由于杜富国这舍生忘死的一挡，两米之外的艾岩仅受了皮外伤。

爆炸发生后，杜富国当场昏迷休克，伤情十分严重。经过军地医护人员的奋力抢救，杜富国的生命保住了，但他那双明亮的眼睛与灵巧的双手却永远地失去了。

【话说英模】

一个军礼的分量有多重？

2018年，27岁的杜富国用雷场上生死时刻的挺身而出做了回答。

危急时刻，他挡住战友，把更大的风险留给自己，这是本能反应，也是身为军人的担当和使命。一声巨响后，他付出了巨大代价——永远地失去了双手和双眼。

或许，从成为战士的那一刻，杜富国就深知战斗已打响。"苟利国家生死以，岂因祸福避趋之"，他和战友们舍生忘死，只为把脚下的死亡地带变成希望之土，换来一方百姓的安全与祥和。这是和平年代人民子弟兵冲锋在前的优良作风，更是新时代革命军人舍己为人的牺牲与奉献。

虽然生命在27岁时按下了"重启键"，但顽强又乐观的杜富国还是凭借异于常人的毅力与信念"从头来过"，勇敢并积极地面对现实，重新开辟"战场"并再次踏上"新征程"，这是无畏的英雄气概，更是无悔的忠诚信仰。

读大学，做播音，坚持读书、跑步，杜富国努力战胜困难，坚持追求自己的梦想，亦如在接受表彰时他毅然举起断臂敬出的那个"无手军礼"，让无数人破防的同时也感到尤为震撼。他就是在用这样一种方式告诉所有人，不管什么时候，他都是一名军人。

这军礼，是誓言，是承诺，是力量，更是行动！

后 记 HOUJI

　　《青少年学英模》一书，是在《中华人民共和国爱国主义教育法》颁布实施、全民国防教育扎实推进之时，面向广大读者特别是青少年群体编撰出版的简明通俗读物。

　　英雄模范人物是国家和民族的杰出代表，学习宣传他们的事迹，教育亿万青少年不忘历史、不辱使命，这是一项重大的政治任务和战略工程。为了做好本书的出版发行工作，我们先后请教党史军史专家，听取指导意见；省市宣传文化部门领导、退役军人事务厅局领导给予有力指导；山东省烈士事迹编纂和宣传教育中心给予支持帮助；英模代表和部分师生参与讨论修改，贡献了智慧和力量；博山焦裕禄纪念馆、孔繁森同志纪念馆等单位提供了英模人物图片。在此，我们表示诚挚感谢！

编　者
2023 年 12 月

图书在版编目（CIP）数据

青少年学英模 / 张振江，武景生主编. ——济南：济南出版社，2024.1
ISBN 978-7-5488-6011-2

Ⅰ.①青… Ⅱ.①张… ②武… Ⅲ.①人物–先进事迹–中国–青少年读物 Ⅳ.①K820-49

中国国家版本馆CIP数据核字(2023)第243496号

青少年学英模　QING SHAO NIAN XUE YING MO
张振江　武景生　主编

出 版 人	田俊林
出版统筹	胡长粤
责任编辑	李　媛
封面设计	张　金

出版发行	济南出版社
地　　址	济南市市中区二环南路1号（250002）
总 编 室	（0531）86131715
印　　刷	济南新先锋彩印有限公司
版　　次	2024年1月第1版
印　　次	2024年1月第1次印刷
成品尺寸	165mm×230mm　16开
印　　张	13.5
字　　数	128千
定　　价	32.00元

（如有印装质量问题，请与出版社出版部联系调换，联系电话：0531-86131716）